LÍNGUA PORTUGUESA

O GEN | Grupo Editorial Nacional – maior plataforma editorial brasileira no segmento científico, técnico e profissional – publica conteúdos nas áreas de ciências sociais aplicadas, exatas, humanas, jurídicas e da saúde, além de prover serviços direcionados à educação continuada e à preparação para concursos.

As editoras que integram o GEN, das mais respeitadas no mercado editorial, construíram catálogos inigualáveis, com obras decisivas para a formação acadêmica e o aperfeiçoamento de várias gerações de profissionais e estudantes, tendo se tornado sinônimo de qualidade e seriedade.

A missão do GEN e dos núcleos de conteúdo que o compõem é prover a melhor informação científica e distribuí-la de maneira flexível e conveniente, a preços justos, gerando benefícios e servindo a autores, docentes, livreiros, funcionários, colaboradores e acionistas.

Nosso comportamento ético incondicional e nossa responsabilidade social e ambiental são reforçados pela natureza educacional de nossa atividade e dão sustentabilidade ao crescimento contínuo e à rentabilidade do grupo.

Maria Margarida de Andrade
Antonio Henriques

LÍNGUA PORTUGUESA

Noções Básicas para Cursos Superiores

9ª Edição

Os autores e a editora empenharam-se para citar adequadamente e dar o devido crédito a todos os detentores dos direitos autorais de qualquer material utilizado neste livro, dispondo-se a possíveis acertos caso, inadvertidamente, a identificação de algum deles tenha sido omitida.

Não é responsabilidade da editora nem dos autores a ocorrência de eventuais perdas ou danos a pessoas ou bens que tenham origem no uso desta publicação.

Apesar dos melhores esforços dos autores, do editor e dos revisores, é inevitável que surjam erros no texto. Assim, são bem-vindas as comunicações de usuários sobre correções ou sugestões referentes ao conteúdo ou ao nível pedagógico que auxiliem o aprimoramento de edições futuras. Os comentários dos leitores podem ser encaminhados à **Editora Atlas Ltda.** pelo e-mail faleconosco@grupogen.com.br.

Direitos exclusivos para a língua portuguesa
Copyright © 1988 by
Editora Atlas Ltda.
Uma editora integrante do GEN | Grupo Editorial Nacional

Reservados todos os direitos. É proibida a duplicação ou reprodução deste volume, no todo ou em parte, sob quaisquer formas ou por quaisquer meios (eletrônico, mecânico, gravação, fotocópia, distribuição na internet ou outros), sem permissão expressa da editora.

Rua Conselheiro Nébias, 1384
Campos Elísios, São Paulo, SP – CEP 01203-904
Tels.: 21-3543-0770/11-5080-0770
faleconosco@grupogen.com.br
www.grupogen.com.br

Capa: Roberto de Castro Polisel
Composição: Lino-Jato Editoração Gráfica

Dados Internacionais de Catalogação na Publicação (CIP)
(Câmara Brasileira do Livro, SP, Brasil)

Andrade, Maria Margarida de

Língua portuguesa: noções básicas para cursos superiores / Maria Margarida de Andrade, Antonio Henriques. – 9. ed. – [8. Reimpr.]. – São Paulo: Atlas, 2019.

ISBN 978-85-224-5752-6

1. Português – Estudo e ensino 2. Português – Gramática 3. Português – Redação I. Henriques, Antonio II. Título.

94-2428 CDD-469.07

Índice para catálogo sistemático:

1. Português : Estudo e ensino 469.07

Nossos
AGRADECIMENTOS
ao
Prof. Dr. Erasmo d'Almeida Magalhães
e à
Profª Maria Stella de Carvalho Nogueira
pelas valiosas sugestões.

SUMÁRIO

Prefácio, xi

Parte I – Introdução à Teoria da Comunicação, 1

1 Comunicação, 2
   Conceitos, 3
   Elementos da comunicação, 7
   Funções da linguagem, 10
   Simultaneidade e transitividade das funções da linguagem, 15
   Linguagem e comunicação, 18
   Língua oral e língua escrita, 21
   Níveis de linguagem, 23
   Exemplário – níveis de linguagem, 28

Parte II – Técnicas de Leitura e Interpretação de Texto, 33

2 Breves noções metodológicas de leitura e interpretação de texto, 34
   O ato de ler, 35
   A técnica de sublinhar, 36
   Como redigir resumos, 37
   Elaboração de esquemas, 39
   Fichamentos, 41

viii Língua Portuguesa • Andrade e Henriques

Parte III – Técnicas de Expressão Escrita, 49

3 O léxico, 50

Vocabulário e contexto, 51
Denotação e conotação: o sentido das palavras, 52
Polissemia e homonímia, 57
Sinônimos, 62
Parônimos, 64
Campos semânticos e campos léxicos, 65
Exemplário de textos para análise e discussão, 66

4 Estruturas frasais, 70

Frase, oração, período, 71
    Frase, 71
    Oração, 72
    Período, 72
Funções das classes gramaticais, 73
Sujeito e predicado, 75
    Sujeito, 75
    Predicado, 76
Estruturas mínimas e suas expansões, 76
Processos de coordenação e subordinação, 78
    Coordenação, 79
    Subordinação, 80
Relações sintáticas – concordância, regência, colocação, 80
    Concordância, 80
    Regência, 81
    Colocação, 82

5 O parágrafo, 83

Conceitos, 84
Qualidades do parágrafo, 85
Estrutura do parágrafo, 86
Tópico frasal, 87
Desenvolvimento, 88
Conclusão, 88
Formas de desenvolvimento do parágrafo, 89
Organização do texto: coesão entre os parágrafos, 93
Exemplário para análise de estrutura de parágrafo, identificação do tópico frasal etc., 95

6 Formas de composição do texto, 97

Introdução, 98
Elementos estruturais do texto, 98
Tipos de texto, 102
Descrição, 103
Características da narração, 107
Técnicas de dissertação, 110
Aplicação das diferentes formas de composição do texto, 115
Editorial, 115
Crônica, 118
Notícia, 120
Reportagem, 124

7 Aspectos da redação técnica, 129

Carta comercial, 130
Requerimento, 135
Memorando, 138
Ofício, 141
Relatório, 145
Curriculum vitae, 148
Procuração, 150

Apêndice – *Lembretes Gramaticais*, 152

Emprego da crase, 153
Infinitivo flexionado e não flexionado, 157
Casos práticos de concordância nominal, 159
Notações sobre ortografia, prosódia e algumas dificuldades gramaticais, 165
   Notações sobre ortografia, 165
   Notações quanto à prosódia, 166
   Algumas dificuldades gramaticais, 167
Observações sobre conjugação, concordância e regência de alguns verbos, 179
Verbos abundantes, 186
Os verbos fazer e haver, 188
Regência de alguns verbos, 189

Bibliografia, 195

PREFÁCIO

A legislação atual recomenda a inclusão da disciplina Língua Portuguesa nos currículos dos cursos superiores.

O encargo de elaborar o Programa cabe aos professores da matéria, que, preocupados com o nível insuficiente dos conhecimentos dos alunos, na maioria dos casos, executam um projeto baseado quase exclusivamente na revisão gramatical.

Do nosso ponto de vista, a revisão gramatical é útil e necessária, porém *não é função da Faculdade sanar as lacunas do 1º e 2º graus*. Assim sendo, procuramos organizar um programa básico, compatível com o ensino de nível superior, deixando ao professor de cada curso a tarefa de selecionar textos e exercícios, de acordo com os interesses dos seus alunos.

O objetivo do programa apresentado neste livro é oferecer ao aluno de qualquer curso superior os conhecimentos indispensáveis para um bom desempenho nas comunicações escritas, inclusive nas outras disciplinas do seu curso. Para alcançar tal propósito, elaboramos um programa de caráter prático, constituído de três unidades fundamentais: uma parte introdutória sobre Teoria da Comunicação, outra sobre técnicas de leitura e interpretação de textos e uma terceira sobre técnicas de expressão escrita.

A execução desse projeto tem apresentado resultados satisfatórios; contudo, esbarramos em uma dificuldade: para acompanhar o programa, o aluno precisaria recorrer a uma vasta bibliografia para estudar e realizar as tarefas exigidas pelo professor.

Surgiu, então, a ideia de reunir em um único volume o conteúdo de nossas aulas. O resultado aí está: não pretendemos fazer nada de novo, apenas coligimos o material necessário nas bibliografias especializadas, para apresentá-lo de maneira objetiva, em linguagem simples, coloquial, que empregamos na sala de aula.

A abordagem dos assuntos limitou-se ao mínimo exigível, mas o aluno interessado em aprofundar seus conhecimentos sobre qualquer dos itens apresentados poderá fazê-lo, consultando as obras incluídas na bibliografia.

Foi nossa intenção facilitar, para alunos e professores, o desenvolvimento do programa proposto. Toda crítica construtiva será bem recebida, pois acalentamos a esperança de poder aprimorar nosso trabalho.

Os Autores

Parte I

Introdução à Teoria da Comunicação

1

COMUNICAÇÃO

Conceitos
Elementos da comunicação
Funções da linguagem
Simultaneidade e transitividade das funções da linguagem
Linguagem e comunicação
Língua oral e língua escrita
Níveis de linguagem
Exemplário – níveis de linguagem

Conceitos

Não existe uma única atividade humana que não seja afetada, ou que não dependa, de alguma forma, da comunicação. Tão relevante é o papel da comunicação humana no mundo moderno, que seu estudo deveria merecer especial atenção. Ocorre, contudo, que a necessidade de estudar as múltiplas formas de comunicação só muito recentemente vem sendo reconhecida. Efetivamente, para que se aprenda a comunicar adequadamente, com clareza e eficiência, torna-se indispensável o conhecimento de algumas noções fundamentais sobre o assunto.

A palavra *comunicar* vem do latim *communicare*, que significa *pôr em comum*. Depreende-se daí que a essência da palavra comunicar está associada à ideia de convivência, comunidade, relação de grupo, sociedade.

A comunicação surgiu, provavelmente, da premência que os homens sentiam de trocar ideias e experiências com outros membros do seu grupo, nos estágios primitivos da civilização. Desde que passou a viver em sociedade, o homem vem sentindo cada vez mais a necessidade imperiosa de se comunicar, pois já foi dito que o homem é aquilo que consegue comunicar aos seus semelhantes.

O mundo da comunicação é vastíssimo, embora ainda seja predominante a ideia da comunicação verbal, falada ou escrita. Existem, porém, muitos outros meios de comunicação, como gestos, imagens, sons, artes e até o sinal do computador, que constituem formas de comunicação não verbal. A comunicação não verbal, portanto, pode ser estabelecida principalmente por meio dos sons (o código Morse, o "tambor falante" das tribos do Congo); por meio das imagens (cartazes, televisão, cinema); por meio dos gestos (convencionais ou codificados, como o alfabeto dos surdos-mudos). Os sinais de trânsito (placas indicativas, apitos, semáforos) são exemplos de comunicação não verbal que usamos quotidianamente.

Além disso, modernamente, vários fatores, como a maneira de se vestir, de andar, sentar, falar ou calar, a postura, o comportamento social, vêm sendo estudados como formas de comunicação entre as pessoas. Essas formas de comunicação não verbal, consideradas mais sutis e fundamentais, são enfocadas por M. Argyle e P. Trower na obra *Tuy los otros* (s. e./s. d.). Dentre as linguagens do homem, os autores destacam a chamada "linguagem corporal" e afirmam que com o rosto, os braços, as pernas, a postura, os seres humanos se comunicam eficientemente tanto quanto com as palavras.

Algumas atitudes apresentam significação universal, mas subordinam-se ao contexto em que se manifestam. Uma inclinação do tronco, por exemplo, significa respeito, a menos que venha acompanhada de certo modo de sorrir, e, neste caso, passa a significar o contrário.

As expressões faciais, como o arquear as sobrancelhas, os movimentos dos olhos e da boca, dos músculos do rosto ou mesmo acenos da cabeça, muitas vezes são mais "eloquentes" que as palavras.

Os gestos podem revelar traços individuais da personalidade ou apresentar significados comuns a diferentes povos. Uma pessoa, ao estender a mão para um cumprimento, pode desvendar traços da sua personalidade ao apertar a mão do interlocutor vigorosamente, com força ou veemência, ou apenas tocá-la displicentemente com a ponta dos dedos. Assentir ou discordar com movimentos da cabeça, juntar as mãos em súplica, aplaudir, apontar uma direção, levantar ou abaixar o polegar são gestos convencionais, de significação quase universal. Dar palmadinhas nas costas do interlocutor tanto pode sugerir estímulo, felicitações, como grande familiaridade, mas torna-se inconveniente se a pessoa não for íntima.

A forma de caminhar com o tronco curvado, a cabeça pendida e os ombros caídos indica estado de abatimento ou depressão, oposto ao passo militar, porte ereto, ombros levantados, que podem denotar orgulho, arrogância ou desdém.

O corte de cabelo moderno, o rebelde estilo *punk* ou o penteado antigo, conservador, funcionam como indicadores da personalidade de seus usuários.

As roupas, o modo de se vestir, vêm sendo analisadas pelos especialistas em comunicação nas diversas áreas do conhecimento. Whitaker Penteado (1982, p. 46) diz o seguinte:

> Os americanos acreditam que a personalidade de um homem se revela no padrão da gravata, enquanto os italianos afirmam que basta reparar na maneira como fazem o nó. Todos os povos têm trajes típicos que revelam aspectos da psicologia nacional. O chapéu imenso dos mexicanos não constituirá afronta e abrigo, projetando uma personalidade onde audácia e indolência andam de mãos dadas? Não se percebe na espetaculosidade do traje gaúcho, o sangue espanhol atrevido e fanfarrão? O vaqueiro nordestino veste-se de couro para enfrentar as caatingas, e para revelar *dureza*. A pudicícia das solteironas transparece nas blusas de gola alta, e todo um manual de Psicologia das religiões poderia ser escrito, acompanhando-se a evolução da batina surrada do vigário sertanejo às vestes de arminho dos arcebispos.

Atualmente, os meios de comunicação de massa estão abrindo espaço para trabalhos que divulgam as formas não verbais da comunicação. O jornal *O Estado de S. Paulo*, de 6 jan. 1988, no "Caderno de Empresas", publicou interessante artigo de Gaudêncio Torquato (professor titular da ECA/USP), intitulado: "Comunicação pelo traje", do qual foram extraídos os seguintes parágrafos:

> Na composição do modelo visual, vestimenta assume papel de realce. Não há dúvida sobre o fato de que o traje carrega uma retórica que põe à disposição das pessoas o sonho de mudar de identidade. Por trás de um pequeno detalhe, da cor de uma roupa, do corte, do volume, do tipo de tecido, de um adereço,

milhares de pessoas procuram ser reconhecidas como "outras", realizando, de algum modo, o sonho de uma dupla personalidade. Quando não é esse o caso, então é a lógica profissional, que passa a exigir o traje adequado, para o cargo adequado, na empresa adequada.

A *Folha de S. Paulo,* de 8 mar. 1988, na "Folha Ilustrada", trouxe, sob a rubrica MODA, a matéria de Costanza Pascolato: "A linguagem das roupas é antiga e universal", da qual vale a pena transcrever alguns trechos:

> A declaração de que a roupa é uma linguagem não é nova. Balzac, em "*Filha de Eva*" (1839), observou que, para uma mulher, vestir é "a contínua manifestação de pensamentos íntimos, uma linguagem, um símbolo". Hoje a semiótica está em voga e os sociólogos nos dizem que a moda também é uma linguagem de signos, um sistema não verbal de comunicação.
>
> ....
>
> Nem imaginamos que gestos simples como enfiar uma saia ou calça, abotoar uma camisa ou amarrar um sapato, venham carregados de despersonalização.
>
> Em nossa cultura, a inocente troca de roupas, muito comum entre adolescentes, é uma maneira de comprovar amizade e confirmar identidades, do mesmo jeito que se usa a mesma gíria e se exprimem as mesmas ideias. Compartilhar roupas é sempre forte indicação de identidade de gostos, opiniões e até personalidade.

A comunicação pode ser:

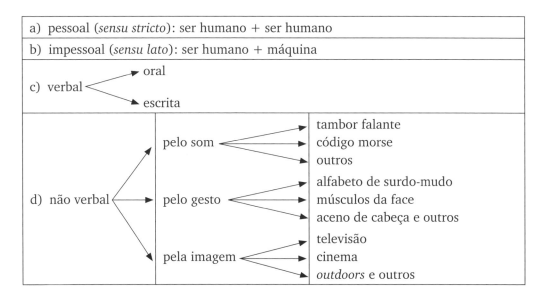

Na área do ESPORTE também utiliza-se a comunicação não verbal. O jornal *Folha de S. Paulo*, de 31 jan. 1988, p. 31A, publicou o "Código dos Levantadores", referente aos jogadores de vôlei.

O CÓDIGO DOS LEVANTADORES

 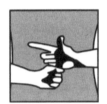  

Positivo – É uma bola rápida, com pouca altura. O atacante salta ao mesmo tempo que o levantador toca na bola, que é batida na ascendente. Se o sinal é para cima, o atacante bate sobre a cabeça do levantador. Essa jogada também pode ser feita na entrada ou saída de rede.

Chutada – Usada nas três posições, mas com maior frequência na entrada e no meio de rede. É uma levantada longa, mas rente à rede. O atacante bate a bola, na ascendente, a cerca de um metro de distância do levantador. Um dos requisitos para se fazer essa jogada é um passe perfeito.

Tempo Atrás – Com o sinal de dedo mínimo, o levantador puxa uma bola de trás, também rápida. O atacante salta, no meio de rede, atrás do levantador e bate a bola. Além do passe, essa jogada também exige muita sintonia entre o levantador e o atacante.

Dois Tempos – Essa jogada é utilizada para evitar a formação de bloqueio. O atacante deve saltar antes que a bola saia da mão do levantador, para poder dar uma "paradinha" e chegar no tempo da bola. Essa "paradinha" dificulta a ação do bloqueio adversário.

Desmico – O atacante de meio salta como se fosse bater uma bola rápida. O jogador, que está na saída de rede, vem por trás e bate por cima da cabeça do atacante do meio. Nessa jogada, o deslocamento dos atacantes tem que ser rápido para dificultar o bloqueio.

Mão Aberta – O jogador de meio corre para a rede como se fosse bater uma "chutada". O atacante, da entrada de rede, vem por trás e bate na bola entre o levantador e o jogador do meio. Essa jogada também exige deslocamentos rápidos e sintonia entre os jogadores.

Vai e Volta – O atacante de saída ou entrada de rede corre como se fosse bater uma "desmico", ou seja, saltar por trás do jogador do meio. No meio do caminho, ele muda sua trajetória, para confundir o bloqueio adversário, e volta para a ponta da rede, onde recebe a bola e ataca.

O "Suplemento de Turismo" do jornal *O Estado de S. Paulo*, de 26 fev. 1988, noticiou a aprovação da Resolução nº 689, em 25-1-88, do Conselho Nacional de Trânsito

> que acrescenta à sinalização de Trânsito 23 placas de indicação de atrativos turísticos, as quais visam a facilitar as informações aos que viajam pelo País. (...) Sendo necessário acrescentar informações tais como orientação como sobre a direção de localidades de atrativos turísticos, além de outras, deve ser colocada uma placa adicional abaixo e/ou ao lado do sinal de atrativos turísticos.

A tendência atual é unificar os sistemas de sinalização e informações dos aeroportos, estradas, estações rodoviárias e ferroviárias, assim como de outros lugares públicos e de atração turística, empregando-se a comunicação pela imagem, por meio de placas indicativas.

Esses símbolos convencionais, considerados linguagem universal, são mais facilmente identificados e decodificados, pois não exigem o conhecimento de nenhuma língua escrita.

Apresentamos na página seguinte o quadro do Código Nacional de Trânsito, cuja fonte é o "Suplemento de Turismo" de *O Estado de S. Paulo*, de 26 fev. 1988.

Elementos da Comunicação

Todo ato de comunicação constitui um processo que tem por objetivo a transmissão de uma mensagem e, como todo processo, apresenta alguns elementos fundamentais. São seis os elementos envolvidos no processo de comunicação, conforme o seguinte esquema:

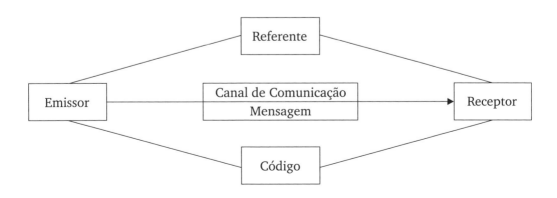

NAS RODOVIAS, A SINALIZAÇÃO TURÍSTICA

Arq. histórica	Arq. militar	Templo	Museu
			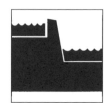
Montanha	Cachoeira	Ruínas	Represa
		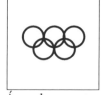	
Gruta	Praia	Área de esportes	Bal. hidromineral

Monumento	Mirante	Surfe	Montanhismo

Pesca submarina	Patrimônio	Res. florestal	Artesanato

Pesca esportiva	Parque florestal	Área de descanso	

O **emissor** ou destinador é quem transmite a mensagem. Pode ser um indivíduo, um grupo, uma figura ou um órgão de difusão.

O **receptor** ou destinatário é aquele que recebe a mensagem. Pode ser um indivíduo, um grupo, um animal ou até mesmo uma máquina (computador, gravador). Note-se que o fato de receber a mensagem não implica, necessariamente, decodificá-la e compreendê-la.

Mensagem é tudo aquilo que o emissor transmite ao receptor; é o objeto da comunicação. Toda mensagem é transmitida através de um canal de comunicação.

Canal ou contato é o meio físico, o veículo por meio do qual a mensagem é levada do emissor ao receptor. De maneira geral, as mensagens circulam através de dois principais meios:

- meios sonoros: ondas sonoras, voz, ouvido;
- meios visuais: excitação luminosa, percepção da retina.

Assim sendo, mensagens transmitidas através de um meio sonoro utilizam sons, palavras, músicas. Se a transmissão é feita por meios visuais, empregam-se as imagens (desenhos, fotografias) ou símbolos (a escrita ortográfica). No primeiro caso diz-se que são mensagens icônicas: no segundo, mensagens simbólicas. As mensagens tácteis recorrem aos choques, pressões, trepidações etc.; as olfativas utilizam odores, um perfume, por exemplo.

Código é um conjunto de signos e suas regras de comunicação. Cada tipo de comunicação tem seu código próprio: comunicações verbais e comunicações não verbais, evidentemente, utilizam códigos diferentes, específicos a cada situação comunicativa.

Referente é o assunto da comunicação, o conteúdo da mensagem.

A comunicação só se realiza quando todos os seus elementos funcionam adequadamente. Se o receptor não capta ou não compreende a mensagem, não pode haver comunicação. Qualquer problema com o canal impedirá que a mensagem chegue ao receptor; neste caso, não há comunicação, e sim "ruído". Entende-se por ruído qualquer obstáculo à comunicação. O papel do código é de suma importância, pois emissor e receptor devem possuir pleno conhecimento do código utilizado para que a comunicação se realize; caso contrário, a comunicação será apenas parcial ou nula.

Exemplificando: uma classe em que os alunos têm por língua materna o português é convidada para assistir a uma conferência pronunciada em inglês. Ocorre que alguns alunos dominam perfeitamente o inglês, outros dominam relativamente e os restantes não conhecem essa língua. Os que dominam plenamente o inglês (o código) compreenderão as palavras do conferencista; portanto, a comunicação será plena. Para aqueles que conhecem relativamente o código, a comunicação será parcial. Os que não conhecem a língua, obviamente, não participarão do processo de comunicação.

Se o referente daquela conferência em inglês for muito complexo, mesmo com os alunos que dominam perfeitamente o código não será possível estabelecer comunicação. Da mesma forma, se alunos de um Curso de Administração fossem assistir a uma aula sobre um assunto específico de Medicina, a comunicação não se realizaria, pois haveria "ruído" em relação ao referente, ao conteúdo ou assunto da comunicação.

Só haverá comunicação se houver decodificação – o *emissor* envia uma *mensagem* ao *receptor*, por meio de um *canal*, utilizando um *código* que contém um *referente* a ser decodificado pelo *receptor*.

Cada tipo de comunicação exige um código adequado, ou seja, uma linguagem específica.

Funções da Linguagem

As funções da linguagem têm sido objeto de estudos de vários autores. Karl Bühler publicou o primeiro trabalho, analisado por Mattoso Câmara em Princípios de *linguística geral*. Herculano de Carvalho, em *Teoria da linguagem*, retomou o esquema de Bühler, acrescentando-lhe alguns novos aspectos. Atualmente, quase todos os autores adotam o esquema desenvolvido por Roman Jakobson em *Linguística e comunicação*, que aponta a correspondência entre os elementos da comunicação e funções da linguagem:

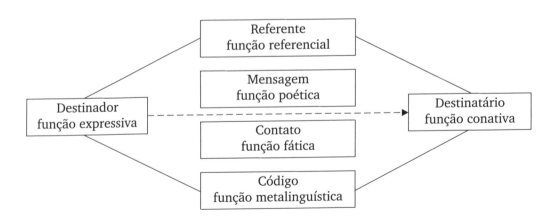

Função Emotiva ou expressiva é a que põe ênfase no emissor. A linguagem é subjetiva; predominam as sensações, opiniões, reflexões pessoais, a carga emocional. O tom é quase sempre confessional. Observa-se a presença da primeira pessoa, caracterizada pelos pronomes *eu, me, mim, meu, minha*. Na Literatura, a função emotiva predomina na poesia, prosa poética, depoimentos, autobiografias e memórias, diários íntimos. Exemplo:

> Toda a minha primeira infância tem gosto de caju e de pitanga. Caju de praia e pitanga brava. Hoje, tenho 54 anos bem sofridos e bem suados (confesso minha idade com um cordial descaro, ao contrário do Tristão de Athayde, não odeio a velhice). Mas como ia dizendo: – ainda hoje, quando provo uma pitanga ou um caju contemporâneo, sou raptado por um desses movimentos proustianos, por um desses processos regressivos e fatais. E volto a 1913, ao mesmo Recife e ao mesmo Pernambuco. Mas não era mais Capunga e sim Olinda. Alguém me levou à praia e não sei se mordi primeiro uma pitanga ou primeiro um caju. Só sei que a pitanga ardida ou o caju amargoso me deu a minha primeira relação com o universo. Ali, eu começava a existir. Ainda não vira um rosto, um olho, uma flor. Nada sabia dos outros, nem de mim mesmo. E, súbito, as coisas nasciam, e eu descobria uma pitangueira ou um cajueiro. (Rodrigues, 1993, p. 15)

A **função fática** instaura ou facilita a comunicação, procura assegurar a eficiência do processo comunicativo. Sua característica principal é a de preparar a comunicação. A mensagem é truncada, reticente, apresenta excesso de repetições, desejo de compreensão. O contato que se estabelece antes de transmitir uma mensagem ao telefone e a fala das crianças são exemplos do emprego da função fática.

A letra de *Sinal Fechado*, música de Paulinho da Viola, exemplifica bem a função fática, assim como as frases de saudação breve e informal:

– Olá!

– Como vai?

– Tudo bem?

– Tudo certo.

A função fática pode aparecer na Literatura, embora não chegue a constituir um gênero literário:

– "Alô?

– És tu?

– Bom dia, flor do dia!

Há quanto tempo... Eu bem que te dizia.
Tudo passa no mundo... tudo... A gente
Custa a gostar e esquece de repente..."
(Bandeira, apud Montello, 1988, p. 156)

A **função metalinguística** é centrada no código. A linguagem fala sobre a própria linguagem, como nos textos explicativos, nas definições. Mas não somente os dicionários, as enciclopédias, gramáticas e livros didáticos empregam essa função: se um poeta fala nos seus versos sobre a arte da poesia, está usando metalinguagem.

"Não faças versos sobre acontecimentos.

Não há criação nem morte perante a poesia.

Diante dela, a vida é um sol estático,

Não aquece nem ilumina.

As afinidades, os aniversários, os incidentes pessoais não contam.

Não faças poesia com o corpo,

Esse excelente, completo e confortável corpo, tão infenso à efusão lírica." (Andrade, 1978, p. 76)

Graciliano Ramos, em *São Bernardo*, fala várias vezes, através da personagem Paulo Honório, sobre a arte de escrever romance, o que é uma forma de metalinguagem. Logo no início do livro declara ter imaginado escrevê-lo pela divisão de trabalho. Os amigos, que seriam seus colaboradores, não chegavam a um acordo quanto à *linguagem* da obra. Quando Azevedo Gondim, encarregado da composição literária, apresentou os primeiros capítulos, a reação de Paulo Honório foi áspera:

"– Vá para o inferno, Gondim. Você acanalhou o troço. Está pernóstico, está safado, está idiota. Há lá ninguém que fale dessa forma!

Azevedo Gondim apagou o sorriso, engoliu em seco, apanhou os cacos da sua pequenina vaidade e replicou amuado que um artista não pode escrever como fala.

– Não pode? perguntei com assombro. E por quê?

Azevedo Gondim respondeu que não pode porque não pode.

– Foi assim que sempre se fez. A literatura é a literatura, seu Paulo. A gente discute, briga, trata de negócios naturalmente, mas arranjar palavras com tinta é outra coisa. Se eu fosse escrever como falo, ninguém me lia." (Ramos, 1978, p. 9)

A função metalinguística tem a finalidade de definir, explicar, ensinar. Na Literatura, é empregada nas obras em que predomina o projeto didático: as fábulas, os livros infantis de Monteiro Lobato e de outros autores.

Exemplo de função metalinguística:

"Que é linguagem?

> A linguagem é um aspecto da cultura comum a todas as sociedades humanas. As línguas estão em contínuo estado de mudança, assim como mudam as condições sociais; assim como os contactos entre classes, povos e raças são precários e efêmeros, assim também as ideias vão e voltam. A linguagem tem sido comparada à mutável superfície do mar, o cintilar das ondas semelhando clarões de luz em pontos da História. (Cherry, 1974, p. 129)

A **função conativa** ou apelativa é dirigida, especificamente, ao receptor. A linguagem apresenta caráter persuasivo, sedutor, procura aproximar-se do receptor (ouvinte, leitor, espectador), convencer, mudar seu comportamento. É frequente o emprego de verbos no imperativo e dos pronomes *tu* e *você*. É a linguagem dos textos publicitários, dos sermões, discursos, exortações, orações, teatro didático e político. Exemplos:

> "Que aurora! que sol! que vida!
> Vai já guardar os brinquedos!
> Menina, não chupe os dedos!
> Não pode brincar na lama!
> Vai já botar o agasalho!
> Vai já fazer a lição!
> Criança não tem razão!
> É tarde, vai já pra cama!"
> (Rocha, 1983, p. 106)

> Muito bem, minha gente, vamos todos pra casa, vamos circular que a passeata está suspensa. Estão me ouvindo? Acabou a passeata! Ei, pessoal! Não tem mais passeata! (...) Vocês estão surdos? Não tem mais passeata! Não tem... (Buarque, 1978, p. 175)

A **função referencial** destina-se a transmitir a informação objetiva, sem comentários nem juízos de valor. Seu objetivo é a notícia – isso. É, por excelência, a linguagem do jornalismo, dos noticiários. A linguagem deve ser objetiva, precisa, denotativa. A função referencial é usada nos manuais técnicos, fichas informativas, instruções sobre a instalação e funcionamento de aparelhos. Na Literatura é empregada nas epopeias, nas narrativas míticas.

Exemplo de linguagem referencial:

> "EFÍGIE SIMBOLIZA A REPÚBLICA
>
> A efígie estampada nas notas de real é uma figura de mulher que representa a República. Ela tem origem na Revolução Francesa.
>
> Segundo a assessoria do Museu de Valores do Banco Central, trata-se de uma figura simbólica representando um rosto de mulher do povo, de uma camponesa.

O adorno que apresenta na cabeça chama-se barrete frígio (cobertura para a cabeça usada pelos frígios e na época da primeira República na França).

Chama-se frígio quem nasceu na Frígia, uma região localizada na Ásia antiga. A região, segundo o Banco Central, era conhecida como o local onde as pessoas não se deixavam escravizar.

A cidade tornou-se então símbolo de liberdade." (*Folha de S. Paulo*, 2 jul. 1994, Caderno 3. p. 1)

A **função poética**, também chamada estética, valoriza a comunicação pela forma da mensagem. Há preocupação com a beleza do texto. A linguagem é criativa, afetiva, recorre a figuras, ornatos, apresenta ritmo, sonoridade. Na literatura, a função poética não se manifesta apenas na poesia, há que se considerar a prosa poética em suas várias manifestações. Exemplo:

"REVENDO UM VELHO ÁLBUM DE ARTISTAS

Fui, dias atrás, presenteado com um álbum de artistas de cinema, um velho álbum, arrumado por três meninas nessa época da vida em que tudo sublima na figura de um herói e uma heroína se beijando. Ninguém pode imaginar a delícia daquilo. Não se tratava de nada de luxo, esse caderno com capa de papelão e dorso verde. A riqueza ali eram três almas em flor debruçadas sobre um mundo de sonho , três mulherzinhas encantadas com o milagre da vida, unindo sobre o papel imagens toscamente recortadas de amorosos fortuitos. Que instinto não as norteava que as fazia casar rostos casais, imortalizando adolescências abraçadas, pares que a vida esqueceu mas a memória ama, figuras tão doces à imaginação que basta revê-las para se iluminar a sombra e elas voltarem à tela branca da juventude! (...)" (Moraes, 1991, p. 203)

Outro exemplo:

Inscrição para uma lareira

"A vida é um incêndio: nela
dançamos, salamandras mágicas.
Que importa restarem cinzas
se a chama foi bela e alta?
Em meio aos toros que desabam,
cantemos a canção das chamas!
Cantemos a canção da vida
na própria luz consumida..."
(Quintana, 1982, p. 45)

Sobre o assunto, v. o texto RETÓRICA E COMUNICAÇÃO, p. 41.

Simultaneidade e Transitividade das Funções da Linguagem

Todos os autores mencionados (Bühler, Mattoso Câmara, Herculano de Carvalho, Roman Jakobson) são unânimes ao enfatizar a simultaneidade das funções da linguagem, isto é, a coexistência de várias funções na mesma mensagem.

Considerando-se que para cada elemento da comunicação há uma função correspondente, e que todos os elementos participam do processo comunicativo, deduz-se que todas as funções devem estar presentes, em maior ou menor grau de evidência, em cada ato de comunicação.

Observa-se que existe uma hierarquia entre as funções da linguagem que aparecem em uma mensagem e, para determinar a função predominante ou principal, leva-se em conta a finalidade da comunicação.

Em um poema, por exemplo, evidencia-se a preocupação artística com a mensagem, o que configura sua função poética. Outras funções, entretanto, poderão aparecer em segundo plano, como no seguinte poema de Manuel Bandeira (1974, p. 119):

> "Sou bem nascido. Menino
> fui como os demais, feliz.
> Depois veio o mau Destino
> e fez de mim o que quis."

A função emotiva é ressaltada no texto pelo emprego da 1ª pessoa, pelo conteúdo subjetivo, pela afetividade da linguagem, pelo tom confessional. Mas, analisando-se a *finalidade* da mensagem, pode-se concluir que a principal intenção do autor foi a de fazer poesia, uma vez que poderia evocar aspectos de sua infância por meio da prosa. Neste caso, a função principal é a poética, permanecendo a emotiva em segundo plano. Fato semelhante ocorre com o "Poema tirado de uma notícia de jornal", do mesmo autor. É óbvio que a finalidade do poema não é dar a notícia da morte de João Gostoso, carregador de feira livre – o que aponta a função referencial –, mas mostrar que até com fatos do quotidiano das pessoas de qualquer camada social pode-se fazer poesia.

Veja-se, por exemplo, o seguinte poema de Mário Quintana (1982, p. 41):

> "Se tu me amas, ama-me baixinho
> não o grites de cima dos telhados
> Deixa em paz os passarinhos
> Deixa em paz a mim!
> Se me queres,
> enfim,
> tem de ser bem devagarinho, Amada;
> que a vida é breve, e o amor mais breve ainda..."

Nota-se, coexistindo com a função poética, que é a predominante, a função conativa ou apelativa, voltada para a 2ª pessoa, até "amada"; o último verso informa "que a vida é breve, e o amor mais breve ainda...", o que se poderia classificar como função referencial.

Um anúncio de venda de um imóvel dirige-se ao comprador em potencial; portanto, sua principal função é conativa. Para comprar o imóvel, o comprador precisa de referências, informações, o que exige o emprego da função referencial. A função poética e a emotiva podem fazer parte do anúncio, dependendo do gosto do anunciante. Exemplo:

> "GUARUJÁ!!! 88!
>
> Jovem jornalista vende seu apartamento, ninho comprado com muito amor e carinho. Veja só: pertinho do mar, com dois dormitórios, 2 banheiros, sala com terraço. Tem ainda boa cozinha, área de serviço, garagem. Mobiliado!! Prédio novinho! Com dor no coração vende por 9 milhões a vista. TRATAR à Av. D. Pedro I, 70 ou pelo telefone 22-5927."

Alguns autores consideram a função referencial como a substância de todas as mensagens, uma vez que "comunicação" e "informação" frequentemente se mesclam, confundem-se. Realmente, o ato de informar acha-se subentendido em todas as mensagens, mesmo quando a função é emotiva e, principalmente, quando é metalinguística. Em muitos casos, somente a *finalidade* da comunicação consegue estabelecer distinção entre função referencial e função metalinguística, como no seguinte fragmento:

> A Lagoa dos Patos, com a condição estratégica de ligar a capital ao mar, permitindo tranquila navegação, sempre foi área muito importante nos conflitos armados do século passado. Durante a Revolução Farroupilha, de 1835 a 1845, quando os gaúchos quiseram tornar-se independentes, por diversas vezes o italiano Giuseppe Garibaldi, que lutava com os revoltosos, escondeu-se em São Lourenço, vigiando a movimentação das tropas legais a partir de sentinelas postadas próximo ao atual Iate Clube.

Este texto, que poderia ser considerado didático, se constasse de um livro de Ciências Sociais, classifica-se como referencial (informativo), pois faz parte de um artigo de Francisco Silveira, publicado no Suplemento de Turismo (*O Estado de S. Paulo*, 26 fev. 1988). Seguindo o mesmo raciocínio, na direção inversa, a metalinguagem proporciona, fundamentalmente, informações, com suas definições ou explicações.

A linguagem da propaganda, considerada eminentemente apelativa, enquanto voltada para o destinatário, vem evoluindo e adaptando-se aos tempos modernos.

Os textos publicitários frequentemente utilizam a linguagem poética que, entre outras virtudes, é de mais fácil memorização. As pessoas mais velhas referem-se aos versos da propaganda do medicamento *Rum Creosotado*, infalível nos bondes do Rio de Janeiro antigo. Para alguns poetas, os versos de propaganda constituíam uma complementação salarial; é o caso, entre outros, de Olavo Bilac e Bastos Tigre. Obviamente, a maioria deles preferia manter o anonimato dessas composições.

Vejam-se alguns exemplos de propaganda em versos:

Propaganda de medicamento
"Veja ilustre passageiro, o belo tipo faceiro que o senhor tem ao seu lado. E, no entanto, acredite, quase morreu de bronquite. Salvou-o o Rum Creosotado!"

Propaganda de cosmético
"As rosas desabrocham Com a luz do sol. E a beleza das mulheres Com o Creme Rugol, Creme Rugol."

Propaganda de fósforo
"Aviso a quem é fumante: Tanto o Príncipe de Gales Como o doutor Campos Salles Usam fósforo 'Brilhante'."

Propaganda política
"Vote no homem Que fez sem roubar Vote em Juarez Para a vida melhorar."

Evidentemente, a função poética da linguagem é apenas um ardil da propaganda, isto é, da função conativa, predominante no texto.

Já não se usa falar em "tipo faceiro" ou "ilustre passageiro", mas as rimas ainda são recurso empregado na linguagem da propaganda: "Tomou Doril, a dor sumiu..." veio substituir o velho "Melhoral, Melhoral, é melhor e não faz mal", por sua vez sucessor de: "Se alguma dor o domina, tome Cafiaspirina".

A propaganda, hoje, veicula um apelo cada vez mais sutil ao consumidor. Para isso vale-se do que se poderia chamar "transitividade das funções", isto é, outras funções da linguagem, especialmente a referencial, são empregadas a serviço da função conativa. Não é necessário grande esforço de memória para demonstrar que, nos textos publicitários modernos, frequentemente, a *linguagem referencial* leva o *apelo* subentendido ao consumidor. Exemplo:

"Um jeans é feito para a dureza da vida
e também para seus momentos de alegria."

"US TOP infantil. Testado pelas pestinhas dos filhos do vizinho."

Outro anúncio, veiculado pela televisão:

"Nossa! Como Zipy é prático!"

Certamente, sob a aparência da opinião pessoal encontra-se o apelo ao consumidor.

O que se conclui é que o problema da simultaneidade e transitividade das funções da linguagem talvez possa ser resolvido, desde que se determine qual a *finalidade* da comunicação.

Linguagem e Comunicação

Antes de considerar aspectos que envolvem linguagem e comunicação, convém estabelecer algumas distinções entre língua e linguagem. A língua é um dos códigos que permitem a comunicação; é um sistema de signos e suas combinações. Linguagem é, segundo Mattoso Câmara:

> "a faculdade que tem o homem de exprimir seus estados mentais por meio de um sistema de sons vocais chamado língua" (Câmara Jr., [1973], p. 249).

A língua é uma instituição social, pertence a todos os indivíduos da mesma comunidade; apresenta caráter abstrato, uma vez que é um código, um sistema de signos, mas se concretiza por meio dos atos de fala.

Saussure ([197?], p. 22) diz:

> A fala é um ato individual de vontade e inteligência, no qual convém distinguir: 1º, as combinações pelas quais o falante realiza o código da língua no propósito de exprimir seu pensamento pessoal; 2º, o mecanismo psicofísico que lhe permite exteriorizar essas combinações.

Saussure foi o primeiro linguista a estabelecer a dicotomia língua/fala (*langue/parole*), que alguns autores traduziram como língua/discurso.

Para Saussure, portanto, a língua é o *Sistema*, o conjunto de potencialidades e virtualidades dos atos de fala. Discurso (ou fala) é a atualização ou utilização individual, concreta da língua, donde se conclui que há interdependência entre os dois aspectos: não pode haver língua sem fala, e a fala pressupõe a existência de uma língua.

O conceito saussureano foi ampliado por Eugenio Coseriu, que introduziu um elemento entre língua/fala, estabelecendo uma divisão tripartite: sistema/norma/fala. Coseriu supõe que, ao utilizar a língua (sistema) no seu discurso (fala), o falante escolhe modelos de enunciação (norma).

Em outras palavras: o ato de fala não recorre diretamente às possibilidades que o sistema oferece, mas passa antes por um processo de escolha – a norma das realizações possíveis de um dado Sistema Linguístico. Os atos de fala (normas individuais) estão na norma social que, por sua vez, está contida no Sistema, como no seguinte gráfico:

O assunto, vasto e complexo, acha-se muito bem sintetizado por F. A. Borba (1976, p. 71):

> LÍNGUA – Sistema de signos que se caracteriza pela socialização de hábitos vocais individuais. É, portanto, um sistema supraindividual de que se servem os falantes para a comunicação vocal dentro do grupo. É um tipo de instituição social, de caráter abstrato que, embora seja produto histórico-coletivo e tenha uma configuração formal específica, só se concretiza em atos de fala. A dicotomia *língua/fala* foi estabelecida por Saussure e, depois dele, tem havido várias discussões para aclarar os dois conceitos. Enquanto a fala aparece como ato linguístico, material e concreto; como uso individual e, portanto, como uma faceta sempre nova e inédita; como impulso expressivo, assistemático e ocasional, a língua apresenta-se como virtual e potencial, isto é, o "espiritual" da linguagem; como sistema funcional, geral, produto da fala; como soma de atos de fala de que é condição. Mas, se a linguagem só existe como atividade, não se pode opor língua a fala, pois uma não exclui a outra, ao contrário – a fala é a realização concreta da língua, mas não existe sem ela, que a governa como sistema abstrato que é. Coseriu, depois de observar que os conceitos de língua e fala são graus diferentes de formalização da mesma realidade objetiva e que a distinção entre os dois não é real, mas formal e metodológica, propõe uma divisão tripartida com base nos diferentes graus de abstração: 1) manifestação concreta – fala; 2) primeiro grau de abstração – norma; 3) segundo grau de abstração – sistema (língua).

Celso Cunha (1975, p. 24) enfatiza a língua como criação da sociedade e, ao mesmo tempo, seu reflexo:

> A língua é um conjunto de sinais que exprimem ideias, sistema de ações e meio pelo qual uma dada sociedade concebe e expressa o mundo que a cerca, é a utilização social da faculdade da linguagem. Criação da sociedade, não pode ser imutável; ao contrário, tem de viver em perpétua evolução, paralela à do organismo social que a criou.
>
> Em sua história, o indivíduo desempenha papel modesto. É, porém, na execução individual que a língua se concretiza. E, como cada indivíduo tem em si um ideal linguístico, procura extrair do sistema idiomático de que se serve as formas de enunciado que melhor lhe exprimam o gosto e o pensamento. Essa escolha é de regra uma operação artística. É a fala individual, o estilo, o próprio indivíduo a expressar suas alegrias e suas angústias.

A norma pode ser social, regional ou individual. A rigor, poder-se-ia afirmar que há tantas normas quantos são os falantes, pois cada indivíduo determina seus próprios padrões de uso da língua, ou seja, o seu estilo.

A língua, enquanto *sistema*, é um conjunto organizado de sons e significados, comum a todos os membros de uma comunidade linguística.

A fala, ao contrário da língua, é *assistemática* e admite uma pluralidade de variantes ou registros.

A mesma mensagem pode ser transmitida usando-se diferentes níveis de linguagem, como, por exemplo:

"Que odor desagradável!"
"Que mau cheiro!"
"Que fedor!"
"Que catinga!"

Outros exemplos:

"O cavalheiro está absolutamente equivocado."
"O senhor está completamente enganado."
"O cara tá errado pra chuchu."
"O cara tá por fora."
"– Que flor bonita! Me dá ela?
– Se me disseres: Dá-ma?, eu dou-ta.
– Não poderei satisfazê-la:
– Sentir-me-ia uma horrenda douta."
(Bandeira apud Montello, 1988, p. 637)

Do ponto de vista linguístico não há norma melhor que a outra; todas apresentam o mesmo valor, à medida que servem de veículo para a comunicação. Não se pode dizer, portanto, que este ou aquele nível de linguagem seja "errado"; pode ser, apenas, *inadequado*. Já do ponto de vista das normas gramaticais, toda transgressão é considerada *erro*. São dois pontos de vista distintos, que não podem ser confundidos.

O falante ideal seria aquele que dominasse todos os níveis de linguagem, para empregá-los de acordo com as exigências do contexto.

Língua Oral e Língua Escrita

O processo de comunicação pode realizar-se pela linguagem oral ou pela escrita. Embora a língua seja a mesma, a expressão escrita difere muito da oral, sendo ponto pacífico, largamente comprovado, que ninguém fala como escreve, ou vice-versa.

Originalmente, só havia a língua falada; a escrita apareceu em estágios mais avançados da civilização, mas até hoje ainda existem línguas ágrafas, isto é, sem escrita. Entretanto, a linguagem escrita adquiriu, no decorrer do tempo, tão alto prestígio, a ponto de se esquecer de que, anterior a ela, há uma linguagem oral que lhe serve de suporte. Na verdade, a escrita é apenas uma tentativa imperfeita de reprodução gráfica dos sons da língua. E tentativa imperfeita porque os grafemas (letras) não correspondem com exatidão aos fonemas (sons). Assim, temos palavras, como, por exemplo, *cheque*, em que os fonemas (sons) são representados por seis grafemas (letras). Há também, além dos dígrafos (ch, nh, qu, rr, ss), o caso dos diversos sons do *x*, dos ou *c* e do grafema *h*, conservado no início de algumas palavras, por razões etimológicas, ainda que não represente nenhum som, nesta situação.

Algumas características da linguagem oral, tais como entonação, timbre, altura, ênfase, pausas, velocidade da enunciação e muitas outras, são impossíveis de ser representadas graficamente. Essas características podem ser precariamente reproduzidas pelos sinais de pontuação (exclamação, interrogação, reticências, hífen, parênteses, travessão etc.), pelo emprego de maiúsculas, de negrito, itálico e de sublinhas.

A língua falada pressupõe contato direto com o falante, o que a torna mais concreta; é mais espontânea, não apresentando grande preocupação gramatical. Seu vocabulário é mais restrito, mas está em constante renovação.

A linguagem escrita mantém contato indireto entre quem escreve e quem lê, o que a torna mais abstrata; é mais refletida, exige grande esforço de elaboração e obediência às regras gramaticais. Seu vocabulário é mais apurado e é, por natureza, mais conservadora.

A língua falada conta com recursos extralinguísticos, contextuais, tais como gestos, expressões faciais, postura, que muitas vezes completam ou esclarecem o sentido da comunicação. A presença do interlocutor permite que a língua falada seja mais alusiva, enquanto a escrita é menos econômica, mais precisa.

Assim como a linguagem escrita apresenta níveis ou registros, a oral também apresenta algumas variedades. Em situações formais, o falante procura observar as normas gramaticais, a pronúncia é mais cuidada, as palavras terminadas em *r* ou *s* merecem especial atenção. Jürgen Heye (In: Pais, 1979, p. 225) afirma:

> "Os falantes variam sua expressão verbal de acordo com o grau de atenção prestado à própria fala."

Na linguagem familiar, em situações informais, as preocupações com a clareza e correção vão-se tornando menos evidentes.

Do ponto de vista gramatical, as duas linguagens, escrita e falada, apresentam características específicas, cientificamente comprovadas. De maneira geral, as principais construções gramaticais observadas são:

LINGUAGEM ORAL	LINGUAGEM ESCRITA
– repetição de palavras	– vocabulário rico e variado, emprego de sinônimos
– emprego de gíria e neologismos	– emprego de termos técnicos
– maior uso de onomatopeias	– vocábulos eruditos, substantivos abstratos
– emprego restrito de certos tempos e aspectos verbais	– emprego do mais-que-perfeito, subjuntivo, futuro do pretérito
– colocação pronominal livre	– colocação pronominal de acordo com a gramática
– supressão dos relativos (cujo, p. ex.)	– emprego de pronomes relativos
– frases feitas, chavões	– variedade na construção das frases
– anacolutos (rupturas de construção)	– sintaxe bem elaborada
– frases inacabadas	– frases bem construídas
– formas contraídas, omissão de termos no interior das frases	– clareza na redação, sem omissões e ambiguidades
– predomínio da coordenação	– emprego de coordenação e subordinação

Exemplo de oralidade na escrita:

> A oralidade da linguagem pode ser explorada, em algumas circunstâncias, na linguagem escrita, como ocorre no seguinte fragmento:
>
> "A poesia, ela traz consigo esse caráter assim meio de, como é que eu vou dizer? uma coisa meio masoquista. Você se dedicar dez anos a vender banana, montar uma banca para vender banana ou repolho, você vai ganhar muito mais do que fazendo poesia. A poesia não te dá nada em troca. Chego, às vezes, a suspeitar que os poetas, os verdadeiros poetas, são uma espécie de erro na programação genética. Aquele produto que saiu com falha, assim, entre dez mil sapatos um sapato saiu meio torto. É aquele sapato que tem consciência da linguagem, porque só o torto é que sabe o que é o direito. Então, o poeta seria, mais ou menos, um ser dotado de erro, e daí essa tradição de marginalidade, essa tradição moderna, romântica, do século XIX pra cá, do poeta como marginal, do poeta como bandido, do poeta como banido, perseguido, enfim, em condições, digamos, socialmente adversas, negativas. (Leminski, 1987, p. 284-285)

Em resumo, na língua falada, além da restrição do vocabulário, não há grande preocupação com as regras gramaticais de concordância, regência e colocação, nem com a clareza das construções sintáticas.

Na língua escrita há sempre maior grau de adesão à gramática normativa, preocupação com a clareza, além da riqueza vocabular.

No dizer de Colin Cherry (1974, p. 133):

> "A linguagem falada é usualmente pessoal, para conversação, sendo composta durante o ato de falar. A linguagem escrita, na maioria dos casos, é premeditada para ser lida na ausência do autor."

Níveis de Linguagem

Para que o ato de comunicação seja eficiente é indispensável, entre outros requisitos, o uso adequado do nível de linguagem.

A língua, enquanto *código* ou *sistema*, permite uma multiplicidade de usos, que podem ser adotados pelos falantes, em consonância com as exigências situacionais da comunicação.

As variações observadas na utilização da língua, sejam sociais ou individuais, recebem o nome de variantes linguísticas ou dialetos.

As variantes linguísticas podem ser atribuídas a diversas influências: geográficas (variações regionais), sociológicas (variações devidas às classes sociais ou a características ligadas ao falante) ou contextuais (tipo de assunto e de ouvinte, circunstâncias da comunicação).

As variedades geográficas constituem os dialetos ou falares regionais. Neste caso, observa-se que à língua comum são acrescentados os *regionalismos*, isto é, vocábulos, expressões e construções típicas de determinada região. Outras variações são observadas entre a linguagem urbana e a linguagem rural. A linguagem urbana tende, cada vez mais, a aproximar-se do que se poderia denominar *linguagem comum*, pela influência niveladora dos meios de comunicação de massa, da escola e da literatura. A linguagem rural, considerada de menor prestígio em relação à urbana, tende ao desaparecimento gradual, sob a influência do processo de civilização.

Os dialetos sociais ou socioculturais estão relacionados com as classes sociais ou os falantes que as compõem. Considerando-se a fragilidade da classificação dos indivíduos em determinado grupo sociocultural e as diferenças de idade, sexo, raça, profissão, grau de escolaridade existentes entre esses indivíduos, conclui-se que a caracterização dos dialetos sociais é precária, baseada em conceitos genéricos.

Vários autores estabeleceram a classificação dos dialetos, levando em conta os fatores socioculturais; dentre eles destacamos Dino Preti (1982, p. 32), que apresenta o seguinte esquema:

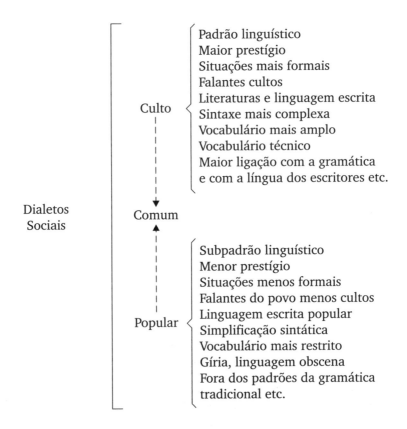

Observa-se que o dialeto *culto*, correspondente à língua-padrão, empregado pelas pessoas cultas, em situações formais, opõe-se ao dialeto popular, que seria empregado pelas pessoas de baixa escolaridade, em situações informais. Entre esses dois extremos existiria uma hipotética *linguagem comum*, empregada pelos falantes medianamente escolarizados e pelos modernos meios de comunicação.

Essas características não são rígidas e, além disso, a classificação admite várias subdivisões e outras implicações.

As variantes contextuais não decorrem diretamente do falante, mas das circunstâncias que cercam o ato de fala. O mesmo falante que emprega o nível popular pode utilizar o nível culto ao dirigir-se a um chefe, no escritório, a uma autoridade ou a uma pessoa com quem não tenha grande intimidade.

Diz Jürgen Heye:

> "Os sistemas linguísticos baseiam-se nas estruturas sociais e variam com elas." (In: Pais, 1979, p. 204)

Há, inegavelmente, uma relação entre o uso da linguagem e a dispensável situação sociocultural.

Às variações quanto ao uso da linguagem pelo mesmo falante, determinadas pela diversidade de situação, dá-se o nome de níveis de fala, níveis de linguagem ou registros.

Basicamente, há o registro formal, correspondente ao emprego do dialeto culto, e o informal, correspondente ao uso do dialeto popular. Um nível intermediário ou comum corresponderia à linguagem comum, representada no quadro dos dialetos sociais.

Alguns autores admitem a correspondência entre os padrões socioculturais A, B e C e os níveis de linguagem. Assim, teríamos três principais níveis ou registros:

A – **Linguagem culta** ou variante-padrão. Utilizada pelas classes intelectuais da sociedade, na forma escrita e, mais raramente, na oral. É a linguagem usada nos meios diplomáticos e científicos, correspondência e nos documentos oficiais, nos discursos e sermões. O vocabulário é rico e as prescrições gramaticais são plenamente obedecidas.

B – **Linguagem familiar**. Utilizada pelas pessoas que, apesar de conhecerem a língua, fazem uso de um nível menos formal, mais quotidiano. É a linguagem usada no rádio, na televisão, nos meios de comunicação de massa em geral, nas formas oral e escrita. O vocabulário da língua comum é o empregado e a obediência às normas gramaticais é relativa, admitindo-se algumas construções típicas da linguagem oral e até mesmo o uso consciente da gíria.

C – **Linguagem popular**. Utilizada pelas pessoas de baixa escolaridade, ou mesmo analfabetas, mais frequentemente na forma oral e raramente na escrita. É a linguagem das pessoas simples, nas comunicações pragmáticas do dia a dia.

O vocabulário é restrito, com larga penetração da gíria, onomatopeia, clichês e frases feitas e ainda formas deturpadas (pobrema, oxílio, arioporto, insempro etc.). Não há preocupação com as regras gramaticais de flexão, concordância, regência etc.

De maneira geral, o nível culto acha-se ligado às características da língua escrita, enquanto o popular apresenta características da língua oral.

Atualmente, há tendência para o nivelamento da linguagem no registro familiar, em substituição ao culto, talvez devida à influência dos meios de comunicação de massa. A própria Escola tem questionado a validade do ensino da língua padrão, com bases em argumentação equivocada e não convincente.

No artigo "O Ensino de Português visto em alguns estudos recentes", publicado em *O Estado de S. Paulo*, de 27 abr. 1986, Dino Preti afirma:

> Estamos perdendo a consciência da adequação das variedades linguísticas às variedades de situações de comunicação. Estão-se processando sensíveis modificações na atitude linguística do falante, isto é, no seu julgamento social sobre a língua que fala. Por outro lado, já não temos uma expectativa precisa sobre a linguagem das pessoas que ouvimos falar. Nosso critério de aceitabilidade social da língua também revela mudanças. Como esperaríamos que se expressasse um político, um ministro, um advogado, um professor, um padre, um universitário, nas situações de formalidade ou no exercício de sua profissão, por exemplo? Estamos prontos a aceitar o estilo coloquial na fala dos mais diversos tipos sociais, em todos os contextos. Hoje, somos tão tolerantes com as transformações linguísticas, quanto com as morais: tudo vale, fazemos concessões às mais insólitas extravagâncias.

Mais adiante, no mesmo artigo, o autor procura analisar as raízes do problema – o ensino do Português:

> Combater uma língua ideal, 'oficializada' pela cultura das classes dominantes, passou a ser um índice sutil da própria luta de classes sociais. Agredindo-se a linguagem culta, criticando-se o ensino de sua gramática, prestigiando-se a linguagem popular e os níveis mais simples da oralidade em detrimento de uma cultura escrita e literária, empregando-se indiscriminadamente a gíria e o vocabulário grosseiro, agride-se indiretamente também a classe dominante que, por suas condições econômicas, foi sempre a que teve acesso mais fácil à escola e à linguagem culta.

A verdade é que, embora o emprego do registro familiar venha expandindo-se de tal forma, a ponto de tornar a linguagem culta, principalmente na modalidade oral, estranha e, de certo modo, inadequada, a tradição de cultura, bem como a formação intelectual das novas gerações exigem o domínio do nível culto.

O *Relatório Conclusivo da Comissão Nacional para o Aperfeiçoamento do Ensino/Aprendizagem da Língua Materna*, dirigido ao Ministério da Educação, em janeiro de 1986, enfatiza, em vários tópicos, a necessidade do ensino/aprendizagem da norma culta:

> Os estudos e pesquisas acerca das variedades linguísticas e das diferenças entre variedades social e culturalmente estigmatizadas não são recentes. No entanto, esses estudos e pesquisas ainda não beneficiaram o ensino da língua, que tem desconhecido a existência e legitimidade das variedades linguísticas, e não tem sabido reconhecer que seu objetivo último é proporcionar às novas camadas sociais, hoje presentes na escola, a aquisição da língua de cultura, cujo domínio se soma ao domínio das variedades naturalmente adquiridas. Sem esse domínio da língua de cultura pelas camadas social e economicamente desfavorecidas torna-se impossível a democratização do acesso aos bens culturais e da participação política. A Comissão entende, pois, que é tarefa fundamental do ensino da língua, na escola, conduzir os alunos ao domínio da língua de cultura.

Na Literatura atual, o nível culto vem cedendo lugar ao aproveitamento da oralidade da língua, consequentemente, os registros familiar e popular vêm sendo largamente utilizados.

Edith Pimentel Pinto (1988, p. 32) assim se manifesta, a respeito da norma literária brasileira atual:

> A norma literária brasileira firmou-se mediante adição de certos traços típicos da oralidade, não, necessariamente, os da "norma culta", nem, opostamente, só os da "norma vulgar". Descartados casos especiais, como os dos regionalistas, que geralmente aproveitam uma subnorma de nível popular, ou o de alguns escritores que captam a norma popular urbana, a grande maioria dos autores realiza um sincretismo, operando com aspectos linguísticos gerais da norma brasileira.

A mesma autora, em outra obra (1986, p. 60), aponta a dificuldade de se obterem dados para análise do Português popular escrito. Os usuários deste nível de linguagem, de modo geral, não apresentam grau de instrução que possibilite o emprego da língua escrita, e tampouco exercem ocupação ou profissão que exija a habilidade de escrever.

O nível popular, no entanto, faz-se presente na Literatura, na maioria das vezes a serviço da caracterização de personagens. Assim sendo é um popular "artificial", porque "fabricado" pelo autor que, via de regra, domina a língua padrão.

O resultado é que do texto "popular" emergem termos, alusões ou construções da norma culta, que denunciam o "dedo" do autor. Exemplos:

a) *Nível popular*

> No outro dia eu levantei cedo, ele também levantou. 'Eu tô pronto para nós ir.' Eu falei: 'Nós espera um tiquinho, que nós ainda não comeu'. Eu ainda tinha que arrumar umas coisa, tirar leite. Quando foi seis e meia, mais ou menos nós tava com os animá pronto para ir pro campo. Ele bebeu uma coitezada de cachaça, comeu feijoada, bebeu café. Eu falei: hoje nós num precisa levar nada pra comer, que o doutor comeu foi bastante. Nesse dia voltemo mais cedo, mais ou menos quatro horas. Aí ele bebeu mais um gole pra poder jantar, jantou, foi conversar. Eu fiz um cálculo, ele num guenta três dias. Pois ele guentou trinta e tanto dias. (Cavalcanti, 1992, p. 6-18)

b) *Nível culto*

> Minando à surda na touceira, queda a vívida centelha. Corra daí a instantes qualquer aragem, por débil que seja, e levanta-se a língua de fogo esguia e trêmula, como que a contemplar medrosa e vacilante os espaços imensos que se abrem diante dela. Soprem então as auras com mais força, e de mil pontos a um tempo arrebentam sôfregas labaredas que se enroscam umas nas outras, de súbito se dividem, deslizam, lambem vastas superfícies, despendem ao céu rolos de negrejante fumo e voam, roncando como matagais de tabocas e taquaras, até esbarrarem de encontro a alguma margem de rio, que não possam transpor, caso não as tanja para além o vento, ajudando com valente fôlego a obra de destruição. (Taunay, In: Barreto & Laet, 1957, p. 105)

Exemplário – Níveis de Linguagem

Os textos seguintes apresentam diferentes níveis de linguagem

"DICIONÁRIO DECIFRA LABIRINTOS DO 'NORDESTINÊS'

O leso, além de cibito, era um lopreu, abirobado, cheio de munganga. Entrou abaixadinho na fubuia e por uma peinha de nada, um culhonésimo, não fez uma emboança naquele brega quando lhe chamaram de pirobo.

Calma, não se avexe, eis a tradução do arrazoado acima: o idiota, além de esquelético era um demônio, amalucado, dado a caretas e trejeitos. Bebeu cachaça sem piedade e por muito pouco não provocou uma confusão sem fim quando foi chamado de gay.

São os vastos falares do Brasil, que não cabem nos Aurélios e Houaiss e carecem de decifradores mais regionalizados. Caso do 'Novo dicionário do Nordeste', do jornalista e pesquisador Fred Navarro. O recifense, que já havia contribuído com outra obra no gênero, o livro 'Assim falava Lampião' (98), agora exibe, com o enxerimento necessário, 5.000 expressões do 'nordestinês'.

Além de escarafunchar a linguagem oral da sua terra, Navarro juntou ao seu embornal de vocábulos a colaboração de outros dicionaristas que produziram versões estaduais da fala nordestina." (Xico Sá, *Folha de S. Paulo*, 17 abr. 2004, Caderno E (Folha Ilustrada), p. 4)

"RETÓRICA E COMUNICAÇÃO

No continuado intercâmbio comunicacional, costuma-se dar mais atenção à comunicação não conflitual. Entretanto, a face conflituosa, no campo comunicacional, é inegável, mesmo porque uma das razões do convívio humano em sociedade é aparar arestas que, inevitavelmente, surgem nesta vivência social. Neste momento é que a Retórica desempenha seu papel ao propor negociação e acordo entre as partes querelantes pela via da persuasão e do convencimento.

A Retórica grega nasceu sob o signo da conciliação de interesses díspares com a questão de reintegração de posse de terras usurpadas por determinados tiranos. Ontem e hoje, a marca da Retórica é criar acordos mesmo à custa de desacordos ou exclusões compartilhadas, ou melhor, construir o consenso pela compatibilização de opiniões. Por esta razão, a retórica define-se como 'arte de persuadir'.

Ora, outro não é o objetivo da Comunicação e, assim, pode-se dizer que grandes são e profundas as afinidades da Retórica e Comunicação. É o que se pode perceber nas considerações sobre as funções da linguagem que nos remetem às partes da Retórica desenhadas por Córax, organizadas por Aristóteles, conservadas pelos romanos e retomadas por Perelman e Tyteca no Tratado da argumentação: a nova retórica.

A função fática *relaciona-se com o exórdio, cuja função é despertar a expectativa do auditório. A função* emotiva *reporta-se também ao exórdio e à actio que enfatiza o papel do orador/falante (emissor), cujo objetivo é persuadir, convencer o receptor (auditório) a aceitar a argumentação e selar um acordo com o emissor.*

A função referencial*, por seu lado, aproxima-se da* inventio *(busca de argumentos) e da* dispositio *(disposição, arranjo dos argumentos) numa ordem objetiva e clara, para melhor persuadir o auditório, ou seja, o receptor.*

Já a função poética *apresenta maior afinidade com a* elocutio *(elocução), cuja finalidade é enriquecer a comunicação (discurso) com a ornamentação, com o enfeite para tornar a comunicação mais palatável e, dessa forma, tem força argumentativa, concorrendo para persuadir o receptor (auditório). Enquanto a invenção e a disposição se preocupam com 'o que dizer', a* elocução *dirige sua atenção para o 'como dizer'.*

Finalmente, a função conativa da linguagem parece ser a mais aparentada com a Retórica em função de seu caráter persuasivo, de seu contato imediato com o auditório (receptor) e por sua finalidade: buscar persuadir, seduzir, comover o auditório, para movê-lo, convencê-lo a aderir às propostas do orador/falante (emissor), comungar com seus argumentos e firmar com ele um pacto de adesão. Com a função conativa o emissor joga com armas da Retórica: o logos (discurso), o ethos (caráter) e o pathos (paixão)." (HENRIQUES, Antonio, autor da tese de doutorado: *A dimensão retórico jurídica nos autos religiosos de Gil Vicente*. FFLCH/USP, 2003).

"O JEITINHO DE FALAR DO HOMEM BRASILEIRO

Yonne Leite e Dinah Callou, renomadas linguistas e especialistas em fonética, escrevem um lindo livro sobre o falar dos brasileiros. É fato notório e irrefutável: falamos e escrevemos de modo diferente do português de Portugal. E mais ainda: falamos diferente de região para região, de cidade para cidade. A diferença de prosódia é facilmente perceptível, para um bom ouvido, entre um carioca e um gaúcho, ou entre um paulista e um pernambucano.

Escrevem as autoras: 'Todo brasileiro é capaz de reconhecer intuitivamente um grande eixo divisório entre falares do 'norte' e falares do 'sul': uma 'cadência' do nortista e outra do sulista, vogais pretônicas abertas do nordestino e fechadas do paulista, o 's' sibilado do sulista em oposição ao chiante do carioca e o 'r' rolado do gaúcho em oposição ao aspirado do carioca'.

Dou meu modesto depoimento. Tenho por hábito, que já virou mania, perguntar a todo mundo com quem eu falo pela primeira vez depois de prestar atenção à pronúncia das palavras: você é do Paraná? Ou potiguar?

Sinto-me o máximo quando acerto. Quando erro, não gosto, acho que estou bestando. É que o lance fundamental do português do Brasil é o seguinte: 'unidade na diversidade e diversidade na unidade'.

Todas as regiões se entendem linguisticamente, embora haja diferenças, a exemplo do uso do artigo diante dos nomes de pessoas: o João não veio, a Maria foi embora, usada na região Sul, em oposição a João, Maria, típico da região Norte e Nordeste.

O detalhe observado pelas autoras é que em Niterói, cidade colada ao Rio de Janeiro, segue-se o mesmo costume de Recife e Salvador: é Maria, é João, sem o artigo na frente do nome.

Um traço curioso é que a pronúncia carioca do 's' chiado foi introduzida com a vinda da corte de D. João 6º para o Rio de Janeiro, sendo até hoje mais observada no centro da cidade do que nos bairros.

Outra curiosidade que me chama a atenção é a alternância regional no emprego de 'nós' e 'a gente'. De todas as capitais brasileiras, o Rio de Janeiro é a que mais usa 'a gente', enquanto nas demais cidades emprega-se o 'nós'.

A tendência, hoje em dia, é substituir cada vez mais o 'haver' por 'ter' ('há livros em cima da mesa' por 'ter livros em cima da mesa'), não só na fala, como também na escrita, inclusive na linguagem dos jornais.

É que no uso da língua não se pode pensar em termos de certo ou errado, ou afirmar que a prosódia carioca é melhor do que a gaúcha, ou que a prosódia baiana é mais bonita do que a piracicabana do interior paulista.

Estrangeirismo

Nada há que se oponha, segundo as autoras, aos empréstimos lexicais do árabe (álcool, almofada), do francês (garagem, personagem), do inglês (futebol), e agora o deletar, que por sinal tem origem latina.

Chatice, para não dizer ridículo, é quando o estrangeirismo linguístico não tem nada a ver, como é o caso de 'delivery', 'off sale' etc. Estrangeirismo, aliás, que não é nada inocente do ponto de vista político ou ideológico." (Vasconcellos, Gilberto Felisberto. *Folha de S. Paulo*, 20 jan. 2003, Caderno E (Folha Ilustrada), p. 2.)

"VAI NA ONDA

A TV e o rádio estão criando um novo idioma nacional. Isso é bom?

A pergunta é de todos: pra onde irá evoluir esta nossa língua portuguesa, que a maioria de nós já chama de brasileira?

De primeiro, as províncias isoladas pelo mar ou pela vastidão das terras vazias formavam um arquipélago de falares, cada ilha com a sua linguagem própria, seu acento – que, nas regiões de influência estrangeira se poderia chamar de sotaque, como o "italianinho" do Brás, ou o alemão no Vale do Itajaí. E não só o acento ou o sotaque eram diversos, os nomes dos bichos, das árvores, dos objetos, as locuções do cotidiano podiam tornar difícil a conversa de um paraense com um gaúcho. Mesmo porque, separados ambos por quase toda a extensão do continente, outros eram os bichos e as plantas, outras as tradições domésticas criadoras de fala familiar.

Assim mesmo, ninguém poderia dizer que nortistas e sulistas falassem dialetos diferentes. A língua, tão rica e plástica que é, conserva-se basicamente a mesma. E quando escrita pelas camadas mais cultivadas de brasileiros, não apresentava diferenciações importantes. No papel, a língua era rigorosamente a mesma, ao Sul ou ao Norte, sem se desestruturar em dialetos. Aquela mesma língua bela e nobre que os portugueses nos deram e que nós aqui adoçamos, enriquecemos, africanizamos, tupiniquizamos em parte, mas só alisando arestas, só abrandando os proparoxítonos, só desembolando alguns pronomes enclíticos por demais puxados para o nosso fôlego.

E eis que de repente rebentou a era do rádio; e em seguida a era da televisão. A princípio deu-se até uma espécie de choque cultural com a invasão dos lares provin-

cianos pelas vozes dos locutores cariocas, pois nessa época o predomínio cultural do Rio era total.

Mas a grande revolução ainda não foi essa – ela chegou com o transístor. Já havia TV, então, mas apenas nas cidades grandes e restrita à classe média. As vozes que invadiram o Brasil de ponta a ponta vieram mesmo nas asas dos pequenos rádios de pilha, munidos de transístores. Emitidas pelas redes nacionais mais potentes, alcançavam até as ocas dos índios no Xingu e os sertões mais profundos a Leste e Oeste.

Claro que havia, paralelamente, as pequenas emissoras locais; e chegava a ser patético o esforço dos moços "espíquers" do interior, tentando falar como os ídolos do Sul – maravilha, como os César Ladeira e os Heron Domingues. Os jogos dos grandes clubes de futebol do Rio e São Paulo passaram a ser transmitidos nacionalmente, como os programas de auditório da Rádio Nacional e as primeiras novelas.

Veio aí a eletrificação do interior e a TV se tornou acessível a todo o Brasil. Os padrões regionais desapareceram. Um roqueiro do Recife canta igual a outro roqueiro do Paraná. E no fundo todos cantam o rock internacional. E o que os gramáticos e os nacionalistas não conseguiam, de repente invadiu tudo como um macaréu: o falar nacional cada vez se igualiza mais, passando por cima de todas as diferenças regionais.

A pena é que o nivelamento se tenha feito por baixo. Pois os padrões linguísticos impostos pela TV e pelo rádio nem sempre são aceitáveis e às vezes são chocantes. É ótimo se falar linguagem coloquial, mas não precisa abusar. Afinal não é preciso falar como os analfabetos para que os analfabetos nos entendam. Basta falar de modo claro e singelo, mas correto. E os analfabetos, além de compreenderem o que foi dito, talvez possam até aprender um pouco.

Além do mais, já pensaram que para assistir e apreciar TV e rádio não é indispensável saber ler? E esse é o grande perigo." (Queiroz, Rachel de. Carta, O Estado de S. Paulo, 5 abr. 1988, Caderno 2)

Parte II

TÉCNICAS DE LEITURA E INTERPRETAÇÃO DE TEXTO

2 BREVES NOÇÕES METODOLÓGICAS DE LEITURA E INTERPRETAÇÃO DE TEXTO

O ato de ler
A técnica de sublinhar
Como redigir resumos
Elaboração de esquemas
Fichamentos

O Ato de Ler

Embora estejamos no século da informação através da imagem ("uma imagem vale mais que mil palavras"), são inegáveis a importância e a necessidade da leitura, pois, além de desempenhar suas funções informativa e recreativa, a transmissão da História, da Cultura e da Ciência, ainda hoje, faz-se através da linguagem escrita.

Não basta, porém, ser alfabetizado para fazer da leitura um ato de "crítica", que envolve constatação, reflexão e transformação de significados.

A leitura pode não ser encarada como simples decodificação de signos, atividade mecânica que determina uma postura passiva diante do texto. Paulo Freire (1985, p. 11-12) diz:

> A leitura do mundo precede a leitura da palavra, daí que a posterior leitura desta não possa prescindir da continuidade da leitura daquele. Linguagem e realidade se prendem dinamicamente. A compreensão do texto a ser alcançada por sua leitura crítica implica na percepção das relações entre o texto e o contexto.

Uma compreensão crítica do ato de ler leva à "tradução" dos significados das palavras e até ao desenvolvimento do que se oculta "por trás" delas.

A *decodificação* da palavra escrita é uma necessidade óbvia, porém constitui apenas a primeira etapa do processo da leitura criativa. A decodificação permite a *intelecção*, ou seja, a percepção do assunto, o significado do que foi lido. Em seguida, faz-se a *interpretação*, que é a continuidade da "leitura do mundo" realizada pelo leitor. A interpretação, muitas vezes, extrapola a letra do texto, pois se baseia nas relações entre texto e contexto. Na aprendizagem da leitura é muito comum a prática de se oferecer uma interpretação pronta para o aluno; este procedimento habitua à interpretação única do texto, que é um obstáculo à leitura criativa.

Cumpridas as três etapas anteriores, está o leitor apto para empreender a *aplicação* do conteúdo da leitura, de acordo com o objetivo a que se propôs.

A técnica de sublinhar é de grande utilidade para a intelecção e interpretação do texto, facilitando o trabalho de resumir, esquematizar ou fichar. Pode-se até afirmar que, sem compreensão e interpretação do texto, torna-se impossível empregar com eficiência essas técnicas.

A leitura é uma atividade necessária no mundo de hoje e não deve restringir-se às finalidades de estudo. É preciso ler para se informar, para participar, para ampliar conhecimentos e alcançar uma compreensão melhor da realidade atual.

Na opinião de Ezequiel T. Silva (1983, p. 46):

> Optar pela leitura é, então, sair da rotina, é querer participar do mundo criado pela imaginação de um determinado escritor. Ler é, basicamente, abrir-se para novos horizontes, é ter possibilidade de experienciar outras alternativas de existência, é concretizar um *projeto consciente*, fundamentado na vontade individual.

A Técnica de Sublinhar

Sublinhar é uma técnica empregada com diversos objetivos: assimilar melhor o texto, memorizar, preparar uma revisão rápida do assunto, aplicar em citações e, principalmente, resumir, esquematizar e fichar.

Para sublinhar é indispensável, antes de tudo, a compreensão do texto, pois este é o único processo que permite a seleção do que é importante e do que é secundário.

Identificar, através da compreensão, as ideias centrais do texto é, portanto, condição essencial para sublinhar com eficiência.

Não existem capítulos ou parágrafos que contenham unicamente ideias mestras. A ideia mestra aparece sempre acompanhada de outras ideias secundárias, expressas por meio de argumentos, exemplos, analogias, que têm a finalidade de esclarecer ou justificar a ideia principal.

Quando se trata de um texto curto, um capítulo de um livro, um artigo, é recomendável numerar os parágrafos antes de sublinhar, para facilitar o trabalho de resumir e fichar.

A técnica de sublinhar pode ser desenvolvida a partir dos seguintes procedimentos:

a) leitura integral do texto, para tomada de contato;

b) esclarecimento de dúvidas de vocabulário, termos técnicos e outras;

c) releitura do texto, para identificar as ideias principais;

d) sublinhar, em cada parágrafo, as palavras que contêm a ideia-núcleo e os detalhes importantes;

e) assinalar com uma linha vertical, à margem do texto, os tópicos mais importantes;

f) assinalar, à margem do texto, com um ponto de interrogação, os casos de discordâncias, as passagens obscuras, os argumentos discutíveis;

g) ler o que foi sublinhado para verificar se há sentido;

h) reconstruir o texto, tomando as palavras sublinhadas como base.

Para se obter maior funcionalidade das anotações, estas sugestões, evidentemente, podem sofrer variações e adaptações pessoais, tais como:

- Sublinhar com lápis preto macio, para não danificar o texto.
- Outra prática optativa é sublinhar com dois traços a ideia principal e com um traço as secundárias.
- Dependendo do gosto, usa-se caneta hidrocor, em várias cores, estabelecendo-se um código particular, como:
- vermelho = ideia principal; azul = detalhes importantes.
- As anotações à margem do texto podem ser feitas com um traço vertical para trechos importantes e dois traços verticais para os importantíssimos.

O indispensável é sublinhar apenas o estritamente necessário, evitando-se o acúmulo de anotações que, além de causar mau aspecto, em vez de facilitar o trabalho do leitor, dificulta e gera confusão.

É muito útil, no final do trabalho, fazer uma leitura comparando-se o texto original com o texto sublinhado.

No texto abaixo, as ideias principais estão sublinhadas. Elabore um resumo:

"Quatro <u>funções básicas</u> têm sido convencionalmente atribuídas aos <u>meios de comunicação de massa</u>: <u>informar</u>, <u>divertir</u>, <u>persuadir</u> e <u>ensinar</u>. A <u>primeira</u> diz respeito à <u>difusão de notícias</u>, relatos, comentários etc. sobre a realidade, acompanhada, ou não de interpretações ou explicações. A <u>segunda</u> função atende à <u>procura da distração</u>, de evasão, de divertimento, por parte do público. Uma <u>terceira</u> função é <u>persuadir o indivíduo</u> – convencê-lo a adquirir certo produto, a votar em certo candidato, a se comportar de acordo com os desejos do anunciante. A <u>quarta</u> função – <u>ensinar</u> – é realizada de modo direto ou indireto, intencional ou não, por meio de material que contribui para a <u>formação do indivíduo</u> ou para <u>ampliar</u> seu acervo de <u>conhecimentos</u>, planos, destrezas etc." (Samuel Pfromm Neto apud Soares & Campos, 1978, p. 111)

Como Redigir Resumos

Resumir significa condensar um texto, mantendo suas ideias principais.

Há vários tipos de resumo, cada qual indicado para uma finalidade específica:

a) *Resumo indicativo ou descritivo*. Neste tipo de resumo encontram-se apenas referências às partes principais do texto. Utiliza frases curtas que, geralmente, correspondem a cada elemento fundamental do texto. Quanto à extensão, não deve ultrapassar de 15 ou 20 linhas. Um resumo indicativo não dispensa a leitura integral do texto, pois descreve apenas a natureza da obra e seus objetivos.

b) *Resumo informativo ou analítico.* De maneira geral, reduz-se o texto a 1/3 ou 1/4 de sua extensão original, abolindo-se gráficos, citações, exemplificações abundantes, mantendo-se, porém, a estrutura e os pontos essenciais.

A ordem das ideias e a sequência dos fatos não devem ser modificadas.

As opiniões e os pontos de vista do autor devem ser respeitados, sem acréscimo de qualquer comentário ou julgamento pessoal de quem elabora o resumo.

Exige-se fidelidade ao texto, mas para mantê-la não é necessário transcrever frases ou trechos do original; ao contrário, deve-se empregar frases pessoais, com palavras do vocabulário que se costuma usar.

Se o texto a ser resumido for um artigo ou um capítulo curto, ou mesmo um parágrafo, o resumo poderá ser elaborado usando-se a técnica de sublinhar. Neste caso, sublinha-se o texto e as palavras sublinhadas servirão de base para a redação do resumo.

Nos textos bem estruturados, cada parágrafo contém uma só ideia principal. Alguns autores, todavia, são repetitivos, usam palavras diferentes para expressar a mesma ideia, em mais de um parágrafo. Assim sendo, os parágrafos reiterativos deverão ser reduzidos a um apenas.

O resumo de textos mais longos ou de livros, evidentemente, não poderá ser feito parágrafo por parágrafo ou mesmo capítulo por capítulo. Neste caso, deve-se buscar a síntese do assunto por meio da análise das partes do texto.

O exame do índice poderá auxiliar a percepção do conjunto e das partes da obra.

Outra técnica aconselhável consiste em reestruturar o plano que o autor usou para escrever a obra, valendo-se, para isto, do índice ou sumário. Quem está habituado a elaborar esquema ou plano de redação tem mais facilidade para perceber o plano de qualquer texto.

Um resumo bem elaborado deve obedecer aos seguintes itens:

1. apresentar, de maneira sucinta, o assunto da obra;
2. não apresentar juízos críticos ou comentários pessoais;
3. respeitar a ordem das ideias e fatos apresentados;
4. empregar linguagem clara e objetiva;
5. evitar a transcrição de frases do original;
6. apontar as conclusões do autor;
7. dispensar consulta ao original para a compreensão do assunto.

c) *Resumo crítico*. Este é um tipo de resumo que, além de apresentar uma versão sintetizada do texto, permite julgamentos de valor e opiniões de quem o elabora. Como nos tipos anteriores, não se devem fazer citações do original. O resumo crítico difere da resenha, que é um trabalho crítico mais amplo.

Convém diferenciar resumo de sinopse e resenha:

- sinopse é o resumo de um artigo ou de uma obra, redigido pelo próprio autor ou por seu editor;
- resenha é um resumo crítico, que admite julgamentos, avaliações, comparações e comentários pessoais.

Exemplo de resumo de parágrafo:

> Na psicanálise freudiana muito comportamento criador, especialmente nas artes, é substituto e continuação do folguedo da infância. Como a criança se exprime em jogos e fantasias, o adulto criativo o faz escrevendo ou, conforme o caso, pintando. Além disso, muito do material, de que ele se vale para resolver seu conflito inconsciente, material que se torna substância de sua produção criadora, tende a ser obtido das experiências da infância. Assim, um evento comum pode impressioná-lo de tal modo que desperte a lembrança de alguma experiência anterior. Essa lembrança por sua vez promove um desejo, que se realiza no escrever ou no pintar. A relação da criatividade com o folguedo infantil atinge máxima clareza, talvez, no prazer que a pessoa criativa manifesta em jogar com ideias, livremente em seu hábito de explorar ideias e situações pela simples alegria de ver aonde elas podem levar. (Kneller, 1976, p. 42-43)

RESUMO

Na concepção freudiana, a criatividade dos artistas é substituto das brincadeiras infantis. A criança se expressa através de jogos e da fantasia, o adulto o faz através da literatura ou da pintura, inspirando-se em suas experiências da infância. Essa relação é confirmada pelo prazer que a pessoa criativa sente em explorar ideias e situações apenas pela alegria de ver aonde elas podem chegar.

Elaboração de Esquemas

Esquematizar consiste na reelaboração do plano do autor.

O esquema pode ser definido, de forma bem elementar, como um resumo não redigido.

A maneira de esquematizar um texto é muito pessoal: podem-se usar símbolos, palavras abreviadas, gráficos, desenhos, chaves, flechas, maiúsculas e outros recursos que contribuam para a eficiência e compreensão do esquema. A técnica de sublinhar facilita muito a tarefa de esquematizar um texto que não seja longo. Nem todos os textos se prestam para anotações em forma de esquema; uma obra literária, por exemplo, presta-se mais ao resumo e à interpretação, muitas vezes simbólica, que à esquematização. Alguns livros didáticos, como os de Ciências Físicas ou Ciências Exatas, são frequentemente apresentados de forma quase esquemática, o que dificulta ou dispensa a elaboração de esquemas.

Certos autores incluem, no final de cada capítulo, um esquema com indicações dos principais tópicos do assunto tratado. Exemplo:

> *História social da literatura portuguesa*. Benjamin Abdala Junior, Maria Aparecida Paschoalin. 2. ed. São Paulo: Ática, 1985. p. 28-29.

TEATRO VICENTINO

Características medievais	Características renascentistas
1. Emprego de alegorias e símbolos.	1. Atitude crítica perante o drama social e religioso da época.
2. Temas espirituais, bíblicos, com alusões à vida eterna.	2. Humanismo religioso condenando a perseguição aos judeus e cristãos novos.
3. Personagens populares com seus hábitos e linguagem.	3. Emprego de figuras mitológicas.
4. Personagens sobrenaturais e figuras alegóricas.	
5. Inclusão de cantigas e danças populares.	
6. Verso usado: redondilha maior (7 sílabas).	

ESQUEMA/RESUMO

As reuniões periódicas de avaliação do progresso são instrumento fundamental de planejamento e controle da equipe. Como o próprio nome sugere, o objetivo é avaliar o andamento de uma atividade ou projeto, ou mesmo o estado geral das tarefas de uma equipe, sob o ponto de vista técnico e administrativo, e tomar as decisões necessárias a seu controle. Uma reunião destas também serve para reavaliar em que pé estão as decisões tomadas na reunião anterior, e pode começar com uma apresentação feita pelo líder, sobre a situação geral das coisas. Em seguida, cada um dos membros pode fazer um relato das atividades sob sua responsabilidade. Depois disso, repete-se o processo para o período que vai até a reunião seguinte, especificando-se então quais são os planos e medidas corretivas a ser postas em prática nesse período. Dada essa sua característica de estar orientada para uma finalidade muito particular, uma reunião desse tipo tende a ser, quando bem administrada, extremamente objetiva e de curta duração. (Maximiano, 1986, p. 60)

ESQUEMA

Reuniões periódicas de avaliação
– Fundamentais para o planejamento e controle do grupo.
  – Objetivos:
  – avaliar andamento;
  – tomar decisões;
  – reavaliar decisões da reunião anterior;
  – relato de atividades pelos membros;
  – planos e medidas corretivas.

– Características:
  – orientadas para uma finalidade particular;
  – objetiva;
  – de curta duração.

RESUMO

As reuniões periódicas de avaliação são indispensáveis ao planejamento e controle da equipe. Seus objetivos são: avaliar o andamento do projeto e tomar decisões para seu controle; reavaliar as decisões anteriormente tomadas, a partir de relatos apresentados pelo líder e pelos membros da equipe; estabelecer os planos e corretivos a serem postos em prática até a próxima reunião. Uma reunião deste tipo, com finalidade específica, tende a ser objetiva e breve.

Fichamentos

Fichar é transcrever anotações em fichas ou folhas avulsas para fins de estudo ou pesquisa. O uso de fichas é indispensável na tarefa de documentação bibliográfica, pela facilidade do manuseio, remoção, renovação ou acréscimo de informações.

As fichas podem variar de tamanho, de acordo com a finalidade do fichamento. Segundo padrão internacional, as fichas podem ser de três formatos:

pequeno	$7,5 \times 12,5$ cm
médio	$10,5 \times 15,5$ cm
grande	$12,5 \times 20,5$ cm

Quando se vai utilizar grande número de fichas, por medida de economia, pode-se cortar em quatro uma folha de papel sulfite. Obtêm-se fichas de tamanho reduzido, mas suficiente para a maioria das anotações.

A melhor maneira de guardar as fichas é colocá-las, por ordem alfabética, na posição vertical, em fichários de metal ou madeira. Há fichários de vários tamanhos e para muitos fins.

Quem não quiser adquirir os fichários à venda no comércio pode substituí-los por uma caixa de papelão de tamanho adequado, recoberta com papel resistente ou autocolante. As caixas de sapatos, em geral, são indicadas para as fichas de $10,5 \times 15,5$ cm, mais comumente usadas.

Atualmente, são mais usados os programas para computador, do tipo planilhas ou banco de dados.

No que se refere ao conteúdo, há vários tipos de fichas:

– indicação bibliográfica;

– transcrição;

– ideias sugeridas pelas leituras;

– apreciação;

– resumo.

As *fichas de indicações bibliográficas* podem referir-se ao autor, à obra, ou ao assunto.

No primeiro caso – ficha de autor – devem constar, resumidamente, as seguinte informações:

a) Nome do autor: sobrenome em maiúsculas, vírgula; prenome completo ou apenas as letras iniciais; se forem dois ou três autores, citam-se todos, da mesma forma, separados por ponto e vírgula; se forem mais de três, cita-se apenas o primeiro, acrescentando-se *e outros* ou *et al.* Após o nome do autor coloca-se ponto final.

b) Título da obra, sublinhado, seguido de ponto.

c) Número da edição – anota-se abreviadamente, com ponto depois do algarismo: 2. ed., 5. ed.; não se anota 1ª ed.

d) Local da publicação, sem abreviaturas; editor e data de publicação separados por vírgulas.

Segundo a NBR 6023:2002, não se admite a notação s.d. (sem data).

A *ficha de título* é encabeçada pelo nome da obra, seguido das informações constantes da ficha de autor.

A *ficha de assunto* reproduz as informações da ficha de autor, mas o assunto a que se refere vem em destaque, no alto.

Fichas de transcrição destinam-se à reprodução fiel de trechos de artigos, livros ou capítulos.

É importante abrir a ficha com indicações necessárias à identificação da obra, do autor e dos trechos transcritos. Os trechos reproduzidos devem ser colocados entre aspas, por respeito ao autor da obra.

Fichas de ideias sugeridas pelas leituras devem conter, além dos dados sobre o autor e obra que foi lida, as ideias para um futuro aproveitamento.

As *fichas de apreciação* consistem na anotação de comentários, críticas, ou opiniões sobre o que se leu. Anotam-se as mesmas indicações de obra e autor, indicadas para as fichas de transcrição.

Fichas de resumo são elaboradas para auxiliar a memória a reter informações necessárias ao desenvolvimento de um trabalho posterior ou estudo de qualquer disciplina.

De modo geral, a ficha de resumo refere-se a um assunto, um artigo, um capítulo ou parte de um livro. No caso de edições esgotadas ou de difícil acesso, ou ainda com objetivos didáticos, faz-se o fichamento integral da obra.

O resumo lançado em fichas contém uma síntese das ideias do autor, redigida de forma própria, pessoal, evitando-se ao máximo as transcrições. A técnica de sublinhar pode ser usada para a elaboração do resumo.

Utiliza-se uma ficha para cada tópico ou assunto; não é permitido misturar assuntos na mesma ficha, ainda que se refiram ao mesmo autor. Se não couberem em uma só ficha todas as anotações referentes ao tópico, usam-se outras, mas nunca se deve escrever no verso da ficha. Numeram-se as fichas relativas ao mesmo assunto, mas em vez de repetir as indicações bibliográficas em todas, da segunda em diante usa-se uma sigla, que deve constar da primeira ficha, abaixo das notações completas.

Nas páginas seguintes, apresentam-se vários modelos de fichas.

Exemplos de Fichas:

Autor

BARBOSA, João Alexandre. *A metáfora crítica*. São Paulo: Perspectiva, 1974.

Dois Autores

CERVO, A. L. & BERVIAN, P. A. *Metodologia científica*; para uso dos estudantes universitários. 2. ed. São Paulo: McGraw-Hill do Brasil, 1977.

Vários Autores

DUBOIS, J. e outros. *Retórica geral*. Trad. de Carlos Felipe Moisés, Duílio Colombini e Elenir de Barros; coord. e rev. geral da tradução: Massaud Moisés. São Paulo: Cultrix/EDUSP, 1974.

Título

Amar se aprende amando: poesia de convívio e de humor.

ANDRADE, C. D. de. *Amar se aprende amando*; poesia de convívio e de humor. 3. ed. Rio de Janeiro: Record, 1985.

Assunto

FOLCLORE

LIMA, Rossini Tavares de. *A ciência do folclore*. São Paulo: Ricordi, 1978.

Transcrição

ALFABETIZAÇÃO – Educação de adultos

FREIRE, Paulo. *A importância do ato de ler*: em três artigos que se completam. São Paulo: Autores Associados: Cortez, 1984, p. 21 e 47.

Inicialmente me parece interessante reafirmar que sempre vi a alfabetização de adultos como um ato político e um ato de conhecimento, por isso mesmo, como um ato criador. Para mim seria impossível engajar-me num trabalho de memorização mecânica dos ba-be-bi-bo-bu, dos la-le-li-lo-lu. Daí que também não pudesse reduzir a alfabetização ao ensino puro da palavra, das sílabas ou das letras. Ensino em cujo processo o alfabetizador fosse 'enchendo' com suas palavras as cabeças supostamente 'vazias' dos alfabetizados. (p. 21)

....

É preciso, na verdade, que a alfabetização de adultos e a pós-alfabetização, a serviço da reconstrução nacional, contribuam para que o povo, tomando mais e mais a sua História nas mãos, se refaça na feitura da História. Fazer a História é estar presente nela e não simplesmente nela estar representando. (p. 47)

Transcrição

LEITURA

FREIRE, Paulo. *A importância do ato de ler*: em três artigos que se completam. São Paulo: Autores Associados: Cortez, 1984. p. 22.

Refiro-me a que a leitura do mundo precede sempre a leitura da palavra e a leitura desta implica a continuidade da leitura daquele.

De alguma maneira, porém, podemos ir mais longe e dizer que a leitura da palavra não é apenas precedida pela leitura do mundo, mas por uma certa forma de 'escrevê-lo' ou de 'reescrevê-lo', quer dizer de transformá-lo através de nossa prática consciente." (p. 22)

Transcrição

LEITURA

SILVA, Ezequiel T. da. *Leitura & realidade brasileira*. Porto Alegre: Mercado Aberto, 1983. p. 98-99.

A leitura não pode ser confundida com decodificação de sinais, com reprodução mecânica de informações ou com respostas convergentes a estímulos pré-elaborados.

Resumo

(MEIRELES, Cecília. *Quadrante 2*. 3. ed. Rio de Janeiro: Editora do Autor, 1963. p. 154-155.)

RESUMO DE UMA CRÔNICA

Por culpa dos engenhos lançados ao espaço as estações se equivocam, não há delimitação entre elas.

Não há mais aquela ordenação harmoniosa entre as estações.

Há distúrbios provocados pelos engenhos que perfuram o espaço, tanto que em novembro se usa lã.

Prova são os estragos nos jardins: as flores desabrocham fora de época e cedo desaparecem.

Os passarinhos procuram fazer seus ninhos em outros locais e buscam abrigo em lugares quentes, na primavera.

Os homens são acometidos por gripes invernais com mais frequência ou não sabem o que fazer com suas roupas de verão; não sabem em que região ou país eles estão, enquanto se continua a jogar engenhos para o alto, sem lembrar que eles valem palácios, museus, hospitais, universidades, teatros ou... pacíficas habitações terrenas.

Apreciação

BARRASS, Robert. *Os cientistas precisam escrever*: guia de redação para cientistas, engenheiros e estudantes. Trad. de Leila Novaes e Leônidas Hegenberg. São Paulo: T. A. Queiroz: Edusp, 1979.

Obra indicada para complementar sugestões dos manuais de metodologia. Apresenta indicações de como tomar apontamentos e preparar comunicações escritas e orais, desde o planejamento até a datilografia dos originais. Sugere técnicas de leitura e métodos para a apresentação de relatórios, teses, seminários, conferências e palestras. Indica normas para utilização de tabelas, gráficos, fotografias, desenhos e outros processos de ilustração.

Ideias Sugeridas pelas Leituras

CASTRO, Walter de. *Metáforas machadianas*: estruturas e funções. Rio de Janeiro: Ao Livro Técnico: Brasília, INL, 1977.

Pesquisar a possibilidade de empreender um estudo das comparações na obra Iracema, de José de Alencar.

Cada ficha deve conter apontamentos sobre apenas uma obra do autor.

Utiliza-se uma ficha para cada autor, ainda quando se trata do mesmo assunto.

Quando não se possui a obra resumida, convém indicar na ficha a biblioteca onde foi consultada.

É importante separar os diferentes tipos de ficha, isto é, cada fichário deve conter unicamente fichas de resumo, ou bibliográficas, ou de transcrição, ou de ideias.

Essas são, resumidamente, as noções básicas para organização de fichários; contudo, cada pessoa deve usar seu próprio sistema, adaptando ou modificando essas sugestões.

Boas sugestões para organizar o fichário pessoal podem ser encontradas nas seguintes obras:

SPINA, S. O fichamento. *Normas gerais para o trabalho de grau*: um breviário para o estudante de pós-graduação. São Paulo: Livr. Ed. Fernando Pessoa, 1974. p. 17-25.

SALVADOR, Ângelo Domingos. Técnica de confecção de fichas. *Métodos e técnicas de pesquisa bibliográfica*: elaboração e relatórios de estudos científicos. 6. ed. Porto Alegre: Sulina, 1977. p. 111-133.

ECO, Humberto. Fichas e apontamentos. *Como se faz uma tese*. 3. ed. São Paulo: Perspectiva, 1986. p. 87-111.

Parte III

Técnicas de Expressão Escrita

3

O Léxico

Vocabulário e contexto

Denotação e conotação: o sentido das palavras Polissemia e homonímia

Sinônimos e parônimos

Campos semânticos e campos léxicos

Exemplário de textos para análise e discussão

Vocabulário e Contexto

Léxico e vocabulário são dois termos empregados usualmente com a mesma acepção – conjunto de palavras de uma língua, um autor ou uma obra. Modernamente, distingue-se léxico de vocabulário: léxico é um inventário, teoricamente finito, mas dificilmente mensurável, de todas as palavras realizadas e potenciais de uma língua. Vocabulário refere-se apenas às palavras efetivamente realizadas ou empregadas no discurso.

> O *Dicionário de linguística* (Dubois et al., 1978, p. 364) esclarece que "o termo *léxico* é reservado à língua, o termo *vocabulário* ao discurso. (...) O vocabulário de um texto, de um enunciado qualquer da *performance* é, desde então, apenas uma amostra do léxico do locutor ou, conforme a perspectiva adotada, do léxico da comunidade linguística considerada".

Deduz-se daí que o *vocabulário* de um falante é apenas parte do seu *léxico*, no qual se incluem as palavras conhecidas, mas não empregadas (vocabulário passivo), as que poderiam ser decodificadas pelo contexto e até as que poderiam ser criadas (neologismos).

Diz Maria Aparecida Barbosa (In: Pais, 1979, p. 88):

> Léxico e vocabulário são duas concepções complementares, relacionadas a dois níveis de abstração. Com efeito, entende-se por léxico o conjunto das unidades lexicais *realizadas* e *realizáveis*, isto é, *efetivas* e *virtuais*; e, por vocabulário, o conjunto de unidades lexicais já *realizadas*, isto é, efetivamente *atualizadas* em discurso. Por conseguinte, o primeiro contém o segundo (sistema e normas).

O importante é frisar que não se pode redigir bem sem um bom vocabulário, pois a riqueza vocabular facilita a escolha da palavra adequada ao contexto. Ler é uma necessidade fundamental para ampliar o vocabulário, melhorar a redação, aumentar o conhecimento, enfim, ampliar a cultura.

Outro requisito indispensável ao bom uso do vocabulário é a consulta frequente aos dicionários, não só os de definições, mas também os de sinônimos e antônimos, de verbos e regimes etc. Além desses, há outros cuja consulta, muitas vezes, se torna necessária: são os dicionários etimológicos (origem das palavras), os analógicos e de ideias afins, ou os técnicos – dicionários de Filosofia, de Linguística, de Psicologia, de Literatura, de Educação, de Arquitetura, de Artes e tantos outros.

Muitas vezes, a escolha inadequada de uma palavra compromete a compreensão ou estética do texto. Ilustra bem essa afirmação um trecho de *Chão de ferro* (p. 126), no qual Pedro Nava enfatiza a necessidade da escolha adequada da palavra, sobretudo na poesia:

> Exemplo? *Hão de chorar por ela os cinamomos...* é como escreveu Alphonsus num dos mais lindos cantos da sua lira. Cinamomo – *Laurus Cinnamomum* – é a árvore que dá canela – caneleira. Se estivesse – Hão de chorar por ela as caneleiras... ia-se tudo que Marta fiou, acabava a poesia. Compreendem? está no sentido do verso, na árvore, no choro da árvore, no chorar por ela – mas sobretudo em CINAMOMO, nas ogivas dos seus NN e MM, nas suas duas últimas sílabas orquestrais de palavra gótica e catedralesca que floresce a poesia.

Já se tornou aforismo dizer que "a palavra é a matéria-prima da redação" e, consequentemente da poesia. "Um poema se faz com palavras", no dizer de Mallarmé a Baudelaire.

Para que se consiga fazer a escolha da palavra adequada a determinado contexto, são indispensáveis algumas noções de sinonímia, polissemia e, principalmente, dos possíveis significados de cada palavra.

Denotação e Conotação: o Sentido das Palavras

> "Chega mais perto e contempla as palavras.
> Cada uma
> tem mil faces secretas sob a face neutra
> e te pergunta, sem interesse pela resposta,
> pobre ou terrível, que lhe deres:
> Trouxeste a chave?"
>
> (Andrade, 1973, p. 139)

Toda palavra é, por sua própria natureza, polissêmica, isto é, apresenta vários sentidos. Mesmo sob a aparência de neutralidade, surpreendem-se as "mil faces" que ela contém. A consulta aos dicionários, neste caso, nem sempre é muito eficaz, pois a mesma palavra pode assumir significações diferentes em contextos diversos. Por exemplo:

a) O portãozinho do jardim é de *ferro*.

b) Ele tem uma vontade de *ferro*.

c) ... e atravessou-lhe o peito o *ferro* assassino.

No primeiro caso, a palavra *ferro* tem o sentido que lhe atribui o dicionário (metal). É o sentido denotativo ou referencial, ou ainda, o sentido próprio.

A frase *b* apresenta uma relação de sentido entre a firmeza, a rigidez da *vontade* e a do *ferro*.

Na terceira frase, *ferro* significa *arma* (faca, espada, punhal). Portanto, nas frases *b* e *c* a palavra *ferro* apresenta sentido figurado ou *conotativo*, que extrapola o significado puramente referencial, embora conservando, de forma implícita, algumas relações de sentido.

Eis alguns exemplos de palavras empregadas no sentido *denotativo* (próprio) e no *conotativo* (figurado):

1. Já coloquei a *bagagem* no carro.

   O orador demonstrou possuir vasta *bagagem* cultural.

2. Crianças gostam de *doces*.

   Maria tem um sorriso *doce*.

3. Senti o *coração* acelerado.

   No dia seguinte, penetramos no *coração* da floresta.

Na linguagem figurada, a palavra carrega forte carga emocional, daí a diversidade de significações. Os novos significados que lhe são atribuídos apresentam natureza afetiva, isto é, subjetiva.

Se fosse solicitada a várias pessoas uma lista de palavras que lhes parecessem *ásperas*, *suaves*, *fúnebres*, *jovens* ou *vermelhas*, certamente não se obteria plena concordância. Contudo, há consenso geral a respeito de algumas palavras consideradas *solenes* (face), neutras (rosto), *vulgares* (cara), bem como entre as que são dotadas de sentido mais geral ou mais específico, como, por exemplo:

GERAL	MAIS ESPECÍFICO
doutor	médico
ave	pássaro
casa	lar
veículo	automóvel
arma	revólver etc.

Percebe-se uma diferença sutil entre *odiar* e *abominar*; *banir* e *rejeitar*; *pegar* e *agarrar*; *deixar* e *abandonar* etc.

Há palavras que carregam sentido pejorativo, como *sogra*, *madrasta*, *rapariga*, *coitado* e outras. Essas distinções, porém, não são fixas, rígidas e imutáveis. Veja-se, por exemplo, a palavra *amante*. Há algum tempo, era tomada no sentido próprio – aquele que ama; aos poucos, foi assumindo conotação pejorativa, associada a amores ilícitos; atualmente, parece que vem se reabilitando seu sentido original, pelo menos na música popular (Cf. *Amada, amante*, de Roberto Carlos).

Contudo, Chico Buarque disse: "Mas amantes em português têm essa conotação de caixa 2, coisa clandestina..." (*Folha de S. Paulo*, 20 jan. 1993).

Às vezes, a simples colocação das palavras no âmbito da frase acarreta profunda alteração de sentido:

pobre menina / menina *pobre*; *velho* amigo / amigo *velho*.

relógio certo / certo *relógio*; *rico* homem / homem *rico*.

O emprego da linguagem figurada é um dos recursos que concorrem para a valorização do texto, conferindo-lhe harmonia, beleza e originalidade.

Embora o nível coloquial de comunicação faça amplo uso da linguagem figurada, é na Literatura que ela aparece como marca de estilo, fruto da sensibilidade e da imaginação do autor.

Tome-se como exemplo o seguinte poema:

"CONSOADA

Quando a Indesejada das gentes chegar
(não sei se dura ou caroável)
Talvez eu tenha medo
talvez sorria ou diga:

    – Alô, Iniludível,

O meu dia foi bom, pode a noite descer
(a noite com seus sortilégios).
Encontrará lavrado o campo, a casa limpa,
a mesa posta
com cada coisa em seu lugar."

(Bandeira, 1974, p. 307)

A expectativa da morte é a ideia que perpassa todo o poema; contudo, nem uma única vez aparece, de forma explícita, a palavra *morte*. Ela é sempre apresentada de maneira conotativa, figurada:

– a Indesejada das gentes

– Iniludível

– noite (o meu *dia* foi bom, pode a *noite* descer).

São ainda empregados em sentido figurado:

– dia = vida

– lavrado o campo = a missão cumprida

– a casa limpa = a vida em ordem

– a mesa posta com cada coisa em seu lugar = tudo preparado, à espera da morte.

A mesa posta (referência à Consoada) aguarda a chegada do "conviva" inevitável.

Nota-se que as palavras apresentam significação especial, específica, que transcende o sentido denotativo, dicionarizável; há uma intensa exploração semântica.

Semântica é a parte da Linguística que se dedica ao estudo dos possíveis significados das palavras.

Ullmann, em *Semântica: uma introdução à ciência do significado*, trata da metáfora e da metonímia a propósito da motivação semântica e afirma que "a metáfora é a fonte suprema de expressividade na linguagem" (p. 420).

De certa forma, toda linguagem figurada, no fundo, é metafórica, pois *metáfora* significa "mudança de significado".

Diz Mattoso Câmara Jr. (1977, p. 166):

> "Metáfora é a figura de linguagem que consiste na transferência de um termo para um âmbito de significação que não é o seu."

É a metáfora a figura de linguagem mais comumente usada; difere da comparação, porquanto na primeira há uma *transferência* de significação de um termo para outro e na comparação ambos os termos mantêm suas qualidades comparáveis.

Quando se diz: *seus olhos são* como *esmeraldas*, há uma comparação, isto é, os dois termos possuem qualidades comuns:

A – *olhos*　　　　　　　　　　B – *esmeraldas*
　cor verde　　　　　　　　　　　cor verde
　brilho　　　　　　　　　　　　　brilho
　"preciosos"　　　　　　　　　　preciosas

Então, A = B . . . . = comparação

Já a metáfora "transfere" as qualidades:

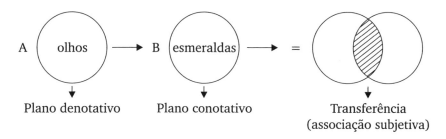

(Diagrama de Venn-Euler)

seus olhos são esmeraldas, isto é, *A é B*.

Na metáfora o elemento A "transforma-se" em B, enquanto na comparação A continua A e B continua B, apresentando apenas elementos semelhantes.

Há diferença entre as frases:

a) Eu *sou* uma ilha sem você. (metáfora)

b) Eu *sou* como uma ilha sem você. (comparação)

No primeiro caso, eu me "transformo" em ilha; no segundo, fico em solidão, incomunicável, *como se fosse* uma ilha.

A "transformação" operada pela metáfora, embora no nível do texto, produz grande efeito estético e emocional.

A partir da metáfora "os poemas *são* pássaros", Mário Quintana escreveu uma página de rara beleza e profunda significação:

"OS POEMAS

Os poemas são pássaros que chegam
não se sabe de onde e pousam
no livro que lês.
Quando fechas o livro, eles alçam voo
como de um alçapão.
Eles não têm pouso
nem porto.
Alimentam-se um instante em cada par de mãos
e partem.
E olhas, então, essas tuas mãos vazias,
no maravilhoso espanto de saberes
que o alimento deles já estava em ti..."

(Quintana, 1982, p. 22)

Não só na poesia, mas também na prosa, é largamente usado o aspecto conotativo das palavras. Exemplos:

"Logo esse fio de luz branca foi devorado pelo ouro maior do sol, que transbordava." (Nava, 1981, p. 123)

"... o meu pensamento, ardiloso e traquinas, saltou pela janela fora e bateu asas na direção da casa de Virgília" (Machado de Assis, 1975, p. 285).

"É sua lâmpada de Aladino a bicicleta e, ao sentar-se no selim, liberta o gênio acorrentado ao pedal" (Trevisan, In: Bosi, 1975, p. 189)

"Que coisa é a vida, senão uma lâmpada acesa – vidro e fogo? Vidro, que com um assopro se faz; fogo, que com um assopro se apaga?" (Vieira, apud Garcia, 1973, p. 150).

As metáforas presentes nesse texto são:

– lâmpada acesa
– vidro
– fogo
– assopro
– se faz
– se apaga.

A vida, metaforicamente *lâmpada acesa*, é *vidro e fogo* – elementos concretos que representam os elementos abstratos – *fragilidade* e *transitoriedade*.

É vasto o elenco das figuras de linguagem, embora aqui sejam abordadas apenas a comparação e a metáfora, de uso mais frequente.

Os manuais de Teoria Literária ou mesmo algumas gramáticas poderão oferecer noções mais amplas àqueles que desejarem adquirir maior conhecimento sobre o assunto.

O objetivo proposto nesta obra é, basicamente, esclarecer a distinção:

• *Denotação* = sentido próprio ou referencial da palavra; interpretação única;
• *Conotação* = sentido figurado ou metafórico; interpretação afetiva ou subjetiva.

Polissemia e Homonímia

O estudo da polissemia suscita, quase sempre, o problema da distinção entre homonímia e polissemia.

Segundo Dubois (1978, p. 326):

> "homonímia é a identidade fônica (homofonia) ou a identidade gráfica (homografia) de dois morfemas que não têm o mesmo sentido, de um modo geral".

Constituem exemplos de homônimos homófonos:

• cessão (ato de ceder);	sessão (reunião); seção (repartição);
• conserto (reparo);	concerto (acordo); concerto (espetáculo musical);
• bucho (estômago de animais);	buxo (arbusto);
• chá (infusão de ervas medicinais);	xá (soberano da Pérsia);
• chácara (propriedade campestre);	xácara (narrativa popular em verso).

Incluem-se entre os homônimos homógrafos:

- boa (bondosa);   boa (espécie de cobra – jiboia);
- gravar (esculpir);   gravar (onerar);
- ralo (ralador);   ralo (pouco espesso);
- real (verdadeiro);   real (relativo a rei);
- mente (intelecto);   mente (3ª p. do verbo mentir).

Depreende-se daí que homônimos são palavras que apresentam formas iguais e significações diferentes – esta é a característica básica. A palavra *pregador*, por exemplo, exprime diferentes sentidos nas frases:

Paulo tornou-se um ardoroso *pregador* evangélico.

Não posso pôr a roupa no varal sem *pregador*.

Vários autores consultados apontam entre as causas da homonímia as formas convergentes, estudadas na Gramática Histórica, e a etimologia das palavras. Exemplo clássico do primeiro caso é a palavra *são*:

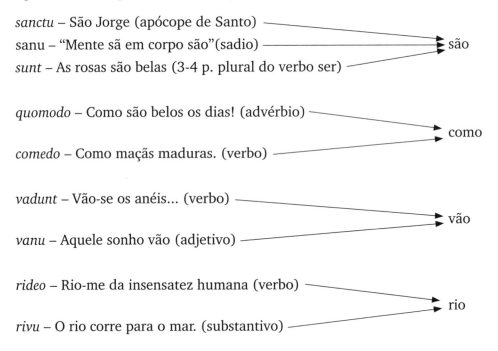

Zélio dos Santos Jota (1981, p. 263) diz:

"A polissemia difere da homonímia, para a qual a diferença de significação decorre de etimologias diferentes, que convergem, por acidentes fonéticos, para uma forma vocabular."

A etimologia explica a homonímia, também, nos casos de palavras iguais, mas de origens diferentes, que não constituem, portanto, formas convergentes. Exemplos:

manga – peça do vestuário (do latim *manica*)

manga – fruta (de origem malaia)

Outros exemplos:

O camponês *lavra* o campo. (cultiva)
Esta obra é de minha *lavra*. (autoria)

Com uma *acha* acendeu o fogo. (madeira)
Ela *acha* a vida boa. (verbo achar)

Usou o *bote* para pescar. (embarcação)
A serpente deu um *bote* no cavalo (salto)

Consegui, afinal, fisgar aquele *mero*. (peixe)
Trata-se de um *mero* recurso estilístico. (simples)

Nestes casos, há homonímia total, porém cumpre notar alguns exemplos de homonímia parcial:

Não gosto *destes* doces.

Não gosto dos doces que me *destes*.

Não tenho *gosto* para demandas, porque *gosto* de paz.

Ullmann, em seu livro *Semântica*, discorre sobre três prováveis fontes de homonímia:

a) convergência fonética;

b) divergência semântica;

c) influência estrangeira.

Embora analise minuciosamente o assunto, o autor declara não ver vantagens positivas na homonímia e afirma:

"é impossível imaginar uma língua sem polissemia, ao passo que uma língua sem homônimos não é apenas concebível: seria, de facto, um meio mais eficiente". (Ullmann, 1977, p. 374).

A polissemia é um fenômeno indispensável na comunicação humana, pois

"a linguagem é naturalmente polissêmica, porque o signo, tendo caráter arbitrário, não tem significação fixa, realizando-se nos atos de fala por associações". (Borba, 1976, p. 94).

Os múltiplos significados assumidos por uma palavra, via de regra, não causam ambiguidade ou qualquer problema de decodificação, pois, normalmente, só um deles será adequado a determinado contexto. Exemplos:

As *rosas* vermelhas significam paixão.
A vida nem sempre é um mar de *rosas*.
Timidamente, depositou um beijo nas rosas de sua face.

"A mulher do coronel era o tipo de mãe de família. Tinha quarenta anos e ainda conservava na fronte, embora secas, as *rosas* da mocidade." (M. de Assis)

O sol nascia na *barra* do horizonte.
Esta praia é perigosa porque fica fora da *barra*.
Os espinhos rasgaram-lhe a *barra* da saia.
A lavadeira pediu mais uma *barra* de sabão.
Hoje em dia compra-se ouro em *barra*.
Estou com uma forte dor de *cabeça*.
Os policiais prenderam o *cabeça* da greve.
Os soldados fizeram explodir a *cabeça*-de-ponte.
Não tenho *cabeça* para guardar números.
O Presidente ainda fará rolar muitas *cabeças*.
Ele sempre foi um *cabeça* dura.
Comprei apenas uma *cabeça* de cebola.
O ministro deixou o cargo de *cabeça* erguida.
Os novos modelos de videocassete têm quatro *cabeças*.

Palavras como *ponto, batida, braço, linha* e tantas outras são extremamente polissêmicas; observa-se, porém, que a polissemia mantém estreita relação com a linguagem figurada.

O já referido Ullmann (1977, p. 331-346) analisa cinco principais fontes de polissemia:

1. Mudanças de aplicação (referem-se ao contexto). Embora as mudanças de emprego sejam observadas principalmente nos adjetivos, podem ocorrer, também, em outras categorias gramaticais. O verbo *dobrar*, por exemplo, apresenta significados diferentes em:

   dobrar a aposta;

   dobrar uma folha;

   dobrar a esquina;

   dobrar a vontade ou opinião de alguém; convencer, dissuadir.

No dicionário (Ferreira, 1986, p. 604) encontram-se 21 acepções deste vocábulo.

O substantivo *conta* pode significar operação aritmética; soma das despesas efetuadas; elementos de um rosário ou colar. Ferreira (1986, p. 462) apresenta 15 acepções e várias expressões com o vocábulo *conta*.

2. Especialização num meio social (a palavra *ação*, por exemplo, tem significados diferentes para o cineasta, para o advogado ou para o militar).

3. Linguagem figurada (*olho* do dono, *olho* do abacaxi, *olho* d'água, *olho* mágico, *olho* do furacão, *olho* da agulha etc.).

4. Homônimos reinterpretados (são palavras que, historicamente, constituem homônimos, porém o falante moderno, desconhecendo a etimologia, estabelecerá relações psicológicas, próprias da polissemia).

Exemplos: *real* (do latim *reale*), verdadeiro; *real* (do latim, *regale*) relativo a rei ou nome de moeda. *Coral* (gr. *korállion*), animal marinho antozoário; *coral*, qualquer espécie de serpente não venenosa e de cor avermelhada; *coral*, tonalidade de cor avermelhada; *coral* (de *coro* + *al*), canto ou declamação. Ferreira (1986, p. 476) comprova a homonímia do vocábulo, pois registra *coral* em cinco verbetes distintos.

O falante desavisado pode classificar esses casos como polissemia (o mesmo vocábulo com várias acepções), no entanto, pela etimologia diferente, pode-se afirmar que se trata de homonímia. Observa-se o mesmo fato no seguinte exemplo:

espiar (gr. *spaíthon*) – observar discretamente;

espiar (gr. *spínnan*) – segurar ou prender com espias;

expiar (lat. *expiare*) – remir, pagar.

No jornal *O Estado de S. Paulo* de 30 nov. 1998, p. C-3, lê-se que os integrantes do Fórum Nacional Antidrogas, realizado em Brasília, ficaram na dúvida a respeito da grafia da palavra *remição* (libertação ou resgate) ou *remissão* (perdão ou demência). Na verdade, existem na língua as seguintes formas: *remição* (de remir + ação), com o sentido de libertação, resgate; e *remissão* (do latim *remissione*, de *remitir*), significando perdão dos pecados ou dívidas, compensação, paga e ainda *remissão* (do verbo remeter), que remete ou envia a um dado ponto.

5. Influência estrangeira (são empréstimos semânticos, isto é, o sentido "importado" abolirá o antigo ou passará a conviver com ele, estabelecendo a polissemia). Constituem casos de *metassemia* ou alteração de significado.

Exemplos: a palavra *ovação*, na origem, referia-se ao sacrifício de ovelhas (comemoração de uma vitória bélica); atualmente, significa aplauso, aclamação pública (do latim *ovatione*) e também, em outra acepção, o conjunto de ovos dos peixes (*ovar + ação*). O vocábulo *fortuna* (do lat. *fortuna*) apresenta os significados: *destino, acaso, sorte*, (que ainda se mantêm no italiano). Por influência do francês, que talvez relacione sorte com riquezas, bens materiais, adquiriu o sentido de *riqueza, herança*, atualmente mais empregado. *Êxito*, originalmente significava *saída* de um empreendimento (cf. o inglês *exit*), sem significado bom ou mau; passou a ser empregado como *bom sucedimento*. Lembre-se que sucesso também significava *acontecimento* ou *coisa sucedida*, no sentido neutro; passou a significar *triunfo, vitória*. *Imbecil* (do latim *imbecille/imvecillu*) significava *débil, fraco, lânguido, enfermo*, passou a significar *idiota, tolo, estúpido*, sobrepujando o significado original (Barreto, 1980, p. 263).

Ullmann (1977, p. 342) refere-se ao sentido importado que aboliu o antigo e exemplifica com o vocábulo *parlamento*, do francês *parlement*, que significava *fala, discurso* (do verbo *parler* = falar) e que depois veio a designar um *tribunal judicial*. Mais recentemente, sob influência do inglês *parliament*, adquiriu seu sentido moderno de *assembleia legislativa*, único significado que atualmente se usa.

Os três principais processos são mais frequentes e mais importantes; a reinterpretação de homônimos ocorre muito raramente e o empréstimo semântico não é processo normal da linguagem quotidiana.

Em resumo, homonímia e polissemia são fenômenos linguísticos que apresentam palavras com a mesma forma e diferentes significados. A distinção se faz porque na polissemia há apenas um *significante*, um étimo, para vários *significados*; na homonímia, os significantes podem coincidir na forma, porém a origem (etimologia) é diferente, como no caso de *manga* (vestuário) e *manga* (fruta).

Sinônimos

Quem está habituado a escrever procura, sempre que possível, evitar as repetições e, para tanto, recorre frequentemente ao *Dicionário de Sinônimos*. Ironicamente, a consulta a este tipo de dicionário mostra que não há sinônimos perfeitos.

A gramática tradicional definia *sinônimos* como palavras com o mesmo significado. Na prática, porém, comprova-se a inexistência de palavras com significados idênticos; o que pode ocorrer é duas ou mais palavras apresentarem significados mais ou menos equivalentes.

Segundo Ullmann,

> "só se podem considerar como sinônimas as palavras que se podem substituir em qualquer contexto sem a mais leve mudança ou no sentido cognitivo ou no afetivo". (apud Lyons, 1979, p. 476).

Acontece, contudo, que numa série sinonímica não se observa a possibilidade de substituição dos elementos, em todos os contextos, muito menos se excluem as mudanças de sentido.

Tomando-se por exemplo a série sinonímica: *morrer*, *falecer*, *expirar*, *extinguir*, verificar-se o seguinte:

A) O velho *morreu*.
   O velho *faleceu*.
   O velho *expirou*.
   O velho Ø

B) A chama da vela *morreu*.
   A chama da vela Ø
   A chama da vela Ø
   A chama da vela *extinguiu*.

C) O prazo para o pagamento Ø
   O prazo para o pagamento Ø
   O prazo para o pagamento *expirou*.
   O prazo para o pagamento *extinguiu*.

D) A plantinha do vaso *morreu*.
   A plantinha do vaso Ø
   A plantinha do vaso Ø
   A plantinha do vaso Ø

Pela exemplificação conclui-se que cada contexto exige a palavra adequada e, em determinados casos, torna-se impossível qualquer substituição.

Deduz-se daí que não há sinonímia *completa*, *total*, mas apenas *parcial* e, consequentemente, a escolha das palavras deve ser realizada de forma muito cuidadosa.

Se se dispõe de várias palavras para a expressão da mesma ideia, a escolha deve recair sobre aquela que melhor se adapte ao contexto, a que se encaixe mais harmoniosamente na estrutura da frase e que seja mais apropriada ao tom geral do conjunto.

É uma das normas da boa redação evitar-se repetições frequentes, mas, segundo Marouzeau (1945, p. 43), quando num texto aparecem palavras repetidas e, ao tentar substituí-las, percebe-se que se estragaria o discurso, pela impropriedade das substituições, é preferível conservá-las.

O emprego de sinônimos exige certas precauções, pois a tentativa de encontrar a palavra exata implica acuidade para discernir no significado o tom afetivo, a intensidade e abrangência do sentido. Corre-se o risco, na substituição, de empobrecer o texto ou desvanecer o seu conteúdo, ou ainda, torná-lo ambíguo.

Há outro risco, apontado por Ullmann (1977, p. 314):

> tornar evidente para o leitor que o escritor tentou cuidadosamente evitar a repetição e variar a expressão do mesmo pensamento, então o artifício malogrará os seus próprios fins e o estilo terá uma falsa elegância, um ar levemente artificial.

É aconselhável, também, não usar palavras solenes, eruditas, principalmente quando não fazem parte do repertório de quem escreve, mormente se o texto for vazado em estilo coloquial. Esse procedimento, além de dificultar a compreensão, torna o discurso "pesado", quando não, pedante.

A mesma sugestão aplica-se ao caso contrário: o uso abusivo de gírias e termos populares imprime ao texto certo ar de vulgaridade.

Conhecer as várias acepções de um vocábulo é condição indispensável para a escolha de um sinônimo perfeitamente adequado ao contexto.

Conclui-se que, embora a escolha de sinônimos seja, antes de tudo, uma questão de estilo, não prescinde de outros requisitos, tais como riqueza vocabular, sensibilidade e bom-senso.

Parônimos

Os parônimos podem ser considerados verdadeiras "armadilhas" para quem não possui vasto vocabulário ou, simplesmente, deixa-se guiar pela "intuição" ao decodificar palavras desconhecidas.

Sendo os parônimos palavras fonologicamente muito semelhantes, apesar de portarem sentidos diferentes, chegam, por vezes, a confundir-se, criando situações hilariantes, embaraçosas ou, simplesmente, modificando o sentido da frase.

Entre vários casos de paronímia, aparecem frequentemente:

absolver (*perdoar*)	absorver (*assimilar*)
descriminar (*inocentar*)	discriminar (*especificar*)
despercebido (*desatento*)	desapercebido (*desprevenido*)
diferença (*dissemelhança*)	deferência (*consideração*)
dilatar (*estender*)	delatar (*denunciar*)
distratar (*desfazer acordo*)	destratar (*ofender*)
emergir (*vir à tona*)	imergir (*mergulhar*)
iminente (*próximo*)	eminente (*insigne*)
infligir (*impor*)	infringir (*transgredir*)
flagrante (*evidente*)	fragrante (*perfumado*)
fluir (*escorrer*)	fruir (*desfrutar*)
matilha (coletivo de *cães*)	mantilha (espécie de *xale*)
secessão (*separação*)	sucessão (*ato de suceder*)
prescrever (*ordenar, determinar*)	proscrever (*exilar, desterrar*)
tráfego (*trânsito/transporte*)	tráfico (*comércio*)
vultoso (*volumoso*)	vultuoso (*inchado*)
ratificar (*confirmar*)	retificar (*tornar reto/correto*)
recriar (*criar de novo*)	recrear (*divertir*)

No caso dos parônimos, a melhor providência para evitar situações embaraçosas é a consulta ao dicionário, para o esclarecimento das dúvidas.

Campos Semânticos e Campos Léxicos

A teoria dos campos semânticos, tal como é conhecida atualmente, vem sendo estudada desde as décadas de 20 e 30, por linguistas alemães e suíços, mas ainda não se alcançou unanimidade em relação aos conceitos fundamentais. Desde as origens, pelos meados do século XIX, surgiram controvérsias no que diz respeito à terminologia empregada, como, por exemplo, o significado de "campo lexical" e "campo conceptual". Acrescente-se ao fato a dificuldade da tradução dos termos empregados, tais como "sentido" e "significado".

Lyons, em seu livro *Semântica* (1981, p. 204 ss), faz um breve histórico dos "campos semânticos", enquanto Geckeller, em *Semântica estructural y teoria del campo léxico*, desenvolve exaustivo estudo sobre o assunto. No que diz respeito ao "campo léxico", aceita a concepção de Coseriu que, em última instância, se confunde com a noção de campo semântico.

O *Pequeno vocabulário de linguística moderna*, de F. A. Borba (1976, p. 13), esclarece, no verbete *campo semântico*:

> Um campo semântico é, pois, um método de estruturação do vocabulário em que se percebe a interdependência das unidades léxicas. Assim, o "sentido" não é propriedade da palavra tomada individualmente. O emprego de uma palavra é regido pela presença, na língua, de outras cujas funções semânticas se referem, de uma ou várias maneiras, à mesma área de ambiência situacional ou cultural. Os campos semânticos podem ser *naturais* ou *concretos* (traduzem diretamente as relações extralinguísticas – ex.: nomes de cores, de animais etc.), *culturais* (produtos da cultura – ex.: nomes da hierarquia militar, nomes de termos técnicos etc.) e *abstratos* (quando se referem a termos intelectuais – ex.: nomes de termos para *conhecimento* estudados por Trier; termos para a beleza etc. Os campos semânticos também são chamados campos nocionais.

Note-se que esta conceituação está voltada para o âmbito de significação das palavras. Zélio dos Santos Jota (1981, p. 58) endossa essa opinião e apresenta como exemplos de campos semânticos as peças do vestuário e as partes do corpo.

Dubois (1978, p. 366), diversamente dos autores citados, define *campo semântico* em termos de polissemia e afirma que:

> "na terminologia corrente, a noção de *campo léxico* não se distingue claramente da de campo semântico".

Para dissipar controvérsias e ambiguidades terminológicas, parece aconselhável adotar a conceituação de Mattoso Câmara Jr. (1977, p. 116 e 157): *campos semânticos* são:

> "associações de significação para um certo número de semantemas, como os termos para cor, para partes do corpo do animal, para os fenômenos meteorológicos etc."

Em outros termos, campos semânticos são constituídos de palavras que pertencem ao mesmo universo de significação, por exemplo: nomes de materiais de construção; utensílios domésticos, designações de casa (cabana, chalé, bangalô, sobrado, casebre, choupana etc.).

Campos léxicos, ainda segundo Mattoso Câmara Jr., são famílias de palavras ou palavras cognatas, isto é, palavras que constituem um grupo de derivação, incluindo-se a composição prefixal. Exemplos:

> Máquina, maquinação, maquinador, maquinar, maquinaria, maquineta, maquinismo, maquinista, mecânica, mecânico, mecanismo, mecanização, mecanizar, mecanografia, mecanográfico, mecanógrafo, mecanoterapia, mecanoterápico, mecanotipia.

> Pássaro, passarada, passarão, passaredo, passareira, passarinhada, passarinhagem, passarinho, passarinhar, passarinheiro, passeriforme, passaroco, passarolo, passarola etc.

Conforme o exposto, os conceitos de Mattoso Câmara Jr. parecem mais claros, mais aceitáveis e coerentes. De acordo com o autor, os campos semânticos constituem "famílias ideológicas", enquanto os campos léxicos constituem "famílias etimológicas".

Exemplário de Textos para Análise e Discussão

"A tradução de sons em palavras é fenômeno estritamente individual, como estritamente individuais são todas as demais fases do processo da Comunicação humana: a organização de palavras em frases, a escolha do meio, a intenção, o significado, a finalidade, a transmissão e a recepção da resposta de volta ao estímulo por nós transmitido, a significação que lhe atribuímos, a compreensão a que chegamos, tudo se passa na esfera da nossa individualidade e pode sofrer variações de pessoa para pessoa. O que uma palavra significa para mim, pode não significar para outras pessoas. Daí a advertência de Voltaire: 'Se você quer falar comigo, defina suas palavras.'" (Penteado, 1982, p. 11)

"A comunicação linguística é internamente clara quando nela aparece limpidamente o pensamento. A linguagem pode então ser comparada a um copo cristalino

através do qual se vê nitidamente o líquido que o enche. Torna-se um vidro de per-feita transparência, e, sem sentir-lhe a interpretação, recebemos as ideias de outrem.

Assim se estabelece a comunhão mental no intercâmbio linguístico. Podemos di-zer que a clareza interna resulta em como que abolir a presença da linguagem entre o pensamento de quem fala ou escreve e a apreensão de quem ouve ou lê." (Câmara Jr., 1978, p. 149)

"A linguagem – a fala humana – é uma inesgotável riqueza de múltiplos valores. A linguagem é inseparável do homem e segue-o em todos os seus atos. A linguagem é o instrumento graças ao qual o homem modela seu pensamento, seus sentimentos, suas emoções, seus esforços, sua vontade e seus atos, o instrumento graças ao qual ele influencia e é influenciado, a base última e mais profunda da sociedade humana. Antes mesmo do primeiro despertar de nossa consciência, as palavras já ressoavam à nossa volta, prontas para envolver os primeiros germes frágeis de nosso pensamento e a nos acompanhar inseparavelmente através da vida, desde as mais humildes ocu-pações da vida quotidiana aos momentos mais sublimes e mais íntimos dos quais a vida de todos os dias retira, graças às lembranças encarnadas pela linguagem, força e calor. A linguagem não é um simples acompanhante mas sim um fio profundamen-te tecido na trama do pensamento; para o indivíduo, ela é o tesouro da memória e a consciência vigilante transmitida de pai para filho. Para o bem e para o mal, a fala é a marca da personalidade, da terra natal e da nação, o título de nobreza da humanidade." (Hjelmslev, 1975, p. 1)

"O OLHAR NA LINGUAGEM: ENSAIO DE PROSPECÇÃO

É no uso das palavras que os homens traçam os fios lógicos e os fios expres-sivos do olhar. *Contemplar* é olhar religiosamente (*con-templum*). *Considerar* é olhar com maravilha, assim como os pastores errantes fitavam a luz noturna dos astros (*con-sidus*). *Respeitar* é olhar para trás (ou olhar de novo), tomando-se as devidas distâncias (*respicio*). E *admirar* é olhar com encanto movendo a alma até a soleira do objeto (*ad-mirar*). Os termos afins, *contemplação*, *consideração* e *respeito* conheceram todos um matiz de atenção e superior deferência, que as locuções 'ter consideração', 'ter contemplação' e 'ter respeito' (fr. `avoir des égar-ds') por alguém assinalam de modo inequívoco.

Olhar não é apenas dirigir os olhos para perceber o 'real' fora de nós. É, tantas vezes, sinônimo de *cuidar, zelar, guardar*, ações que trazem o outro para a esfera dos cuidados do sujeito: olhar por uma criança, olhar por um trabalho, olhar por um projeto. E, não por acaso, o italiano *guardare* e o francês *regarder* se traduzem precisamente por 'olhar'.

O estudo semântico da fala corrente é um desafio para explorar minas ainda inexaustas. *Estar de olho, ficar de olho, não perder de olho* e *trazer de olho* marcam um grau de interesse do sujeito que beira a vigilância. O olho cioso é inventivo. A gelosia é uma grade estreita feita no olho da parede pelo olho do amante que não suporta ver a amada ser vista pelo olho do outro. *Zeloso, jaloux, jealous, geloso, celoso, cioso* (de 'cio') são a mesma palavra e o mesmo olhar.

O olhar conhece sentindo (desejando ou temendo) e sente conhecendo. Está implantado na sensibilidade, na sexualidade: a sua raiz mais profunda é o inconsciente, a sua direção é atraída pelo ímã da intersubjetividade. O olhar condensa e projeta os estados e os movimentos da alma. Às vezes, a expressão do olhar é tão poderosa e concentrada que vale por um ato.

Um ato de acolhimento: *dar (ao menos) um olhar, conceder um olhar, pôr os olhos sobre alguém, deitar-lhe um olhar* – tudo vem a ser prestar atenção, o que é um sinal ou uma esperança de favor (*o ver com bons olhos*) se não de benévola aceitação. Quantas orações e quantas súplicas se abrem com locuções como essas! O olhar é linguagem da vontade e da força antes de ser órgão do conhecimento.

A crença do *mau-olhado* será talvez um dos universais antropológicos de todos os tempos. O mau-olhado que seca as plantas e faz definhar as crianças mais belas expostas à inveja dos passantes e dos falsos amigos. É provável que as pessoas civilizadas desdenhem os corações simples e timoratos que procuram afastar com uma figa ou um ramo de arruda os maus-olhados que os possam molestar; mas todos admitem a existência da *inveja*, aquela paixão tão bem definida por santo Tomás como 'a tristeza provocada pelo bem alheio'. Ora, rigorosamente, a palavra 'inveja', em latim 'invidia', decomposta em seus elementos, significa contraolhado, mau-olhado: *in*-contra, *vid*-tema de visão. Inveja e mau-olhado são a mesma palavra para a mesma coisa. Quem diz uma diz a outra.

A intuição de que o olhar é um movimento vital que irrompe à superfície do corpo aparece nítida no verbo quando usado na acepção de 'brotar', 'deitar olhos', como nesta descrição sertaneja de Rodrigues de Melo: 'O chão parece um tapete verde, *as árvores começam a olhar*, os algodoais, as ervas, tudo ressurge e revigora ao sopro da nova estação'.

O olho, abertura da planta e do bicho, à flor da pele, é dotado dos atributos próprios da criatura sensível: o olhar é frio, é quente, é viscoso, é duro, é brando, é caricioso, é ríspido, é doce, é amargo, é ácido, é cúpido (o povo diz 'olho gordo', se há sinais de ganância, e 'olho comprido' ou 'olho bichento', se o desejo é voraz e manifesto), é parado 'olho de sapo', ('olho de peixe morto'), é agudo ('olho de lince'), é terno ('olho de pomba'), é infiel ou suspeitoso ('olho de gato'), é tímido ('olho de coelho'), é cruel ('olho de cobra'), é sensual ('olho de macaca'), é triste e baço ('olho de vaca laçada').

O que vem a dizer todo esse bestiário inventado para qualificar aquele que santo Agostinho celebrava platonicamente como 'o mais espiritual dos sentidos'?

A corporeidade, imanente na expressão do olhar, busca e acha suas metáforas no ser vivo, não excluindo nossos parentes mais próximos, os animais. Corporeidade que, embora sendo pré-categorial, não é irracional, pois dispõe de razões profundas que enformam o olhar do homem em situação. As várias imagens com que a antropologia popular descreve modos-de-ser, mediante modos-de-olhar, relativizam toda noção *a priori* de olhar como espelho de uma percepção isenta. Relativizar, aqui, é descobrir as relações, tantas vezes obscuras, entre o ponto de vista e os processos intra e intersubjetivos nos quais o olhar se forma e se move.

Situar o olhar, histórica ou psicanaliticamente, é descrever não só os seus limites, as suas determinações objetivas, mas também sondar a qualidade complexa da sua intencionalidade. O que é cativo e o que é livre no exercício do olhar? A fenomenologia não é um tribunal implacável que se arroga o direito de 'desmascarar', a todo momento, as razões do coração; ela desejaria, antes compreendê-las. O que é 'puro' e o que é 'impuro' no interesse, no empenho, na paixão com que o olhar fita as pessoas e as coisas num processo labiríntico onde se enlaçam amor e percepção, medo e conhecimento? A hermenêutica da linguagem cotidiana, com seus símbolos e figuras e suas alianças de ver e sentir, me parece um dos caminhos para perfazer esse exercício de compreensão." (BOSI, Alfredo. Fenomenologia do olhar. In: *O olhar*. São Paulo: Companhia das Letras, 1988. p. 78-79.)

> Quanto à língua portuguesa, são comuns e correntes expressões tais como 'olhe só', 'olha lá', 'onde é que já se viu?', 'olhe para mim quando estiver falando', 'olha bem para mim' etc. Na narrativa literária, o olhar é descrito por uma extensa gama de adjetivos: 'frio', 'penetrante', 'zombeteiro', 'brilhante', 'ardente', 'furtivo' e outras. A intensidade distingue o olhar da olhadela e da mirada. E, ao movimento das pálpebras, pode conjugar-se, significativamente, o dos cílios. É que o movimento palpebral não é puramente intensivo; é o caso da 'piscadela de olho' ou do 'bater dos cílios', encontrados no cinema mudo e nos desenhos animados: trata-se de gestos socialmente codificados, válidos e correntes; portanto, inscritos num dado contexto cultural. (Rector, 1990, p. 38)

4

 # Estruturas Frasais

Frase, oração, período
Funções das classes gramaticais
Sujeito e predicado
Estruturas mínimas e suas expansões
Processos de coordenação e subordinação
Relações sintáticas – concordância, regência, colocação

Frase, Oração, Período

Importa estabelecer, ainda que a galope, o que seja *frase*, *oração* e *período*.

FRASE

Frase é a representação intelectual de um objeto ou de uma *ideia* ou de um *conceito* cuja expressão verbal pode ser menos elaborada ou mais elaborada.

a) A frase menos *elaborada* ou de estrutura mais simples não é passível de análise linguística por ser de caráter emotivo; é, porém, passível de análise *lógica*, uma vez que apresenta conteúdo significativo. Nos exemplos abaixo, temos o que se chama de frase *não oracional* ou *nominal*; constituem uma forma de comunicação de dimensão menor, porque não estão concentradas num verbo. Exemplos:

"Teus olhos? Histórias distantes." (C. Felipe Moisés)

"No alto um moinho e pinheiros; no outro lado, a praia." (F. Namora)

"Cidade grande: dias sem pássaros, noites sem estrelas." (M. Quintana)

"Para certos acadêmicos, só um chazinho da meia-noite." (Sylvio de Abreu – humorista)[1]

b) A frase *mais elaborada* ou de estrutura mais complexa é passível de análise *lógica* e de análise *linguística*; é a frase *oracional* ou *verbal*; centrada num verbo, constitui forma de comunicação de dimensão maior. Exemplo:

"Vê: há beijos de amor em toda parte;

Deus um sorriso em cada flor entalha."

(Alphonsus de Guimaraens).

"A vida, meu Amor, quero vivê-la!" (Florbela Espanca)

"Dona Eucalista Pestana resolveu ficar viúva por conta própria." (José Cândido de Carvalho)

Esquematizando: há dois tipos de frase:

- Frase *não oracional* ou *nominal*: não dispõe de verbo, caracteriza-se pela falta de verbo.

- Frase *oracional ou verbal*: dispõe de verbo; caracteriza-se pela presença de verbo, embora este possa estar oculto, pois *ausência* de verbo não implica, necessariamente, *falta* de verbo.

---

[1] As referências em que aparece *humorista* remetem para o livro de Adail José de Paula, constante da bibliografia.

ORAÇÃO

Do que se falou a respeito da *frase*, pode-se deduzir o conceito de *oração*: é a frase provida de um ou mais verbos, constituindo-se, em princípio, de *sujeito* e *predicado*.

Função precípua na análise é colocar de um lado o *núcleo* do sujeito (e seus satélites) e de outro o *núcleo* do predicado (e seus satélites). Exemplo:

"Zé nasceu no Dia dos Mortos." (Nestor de Holanda)

"O despertador é um objeto abjeto." (M. Quintana)

"Quase não durmo e isso é bom: espicha a vida." (J. Montello)

"Minha cidade, Cachoeiro do Itapemirim, tem uma origem fluvial." (R. Braga)

PERÍODO

a) Chama-se *período* a oração ou o grupo de orações de sentido completo terminado por um ponto final ou outro sinal equivalente (ponto de interrogação, ponto de exclamação, reticências, dois-pontos). O essencial é a plenitude de sentido da oração ou orações; a pontuação decorre da entonação.

b) Deduz-se, assim, que o período será *simples* quando constituído de uma só oração; será *composto* quando constituído de duas ou mais orações. Exemplos:

"Nos pessegueiros já há frutos maduros." (Érico Veríssimo)

uma oração → período simples (oração absoluta)

"Alta noite foi-se com seu bando." (José Lins do Rego)

uma oração → período simples (oração absoluta)

"Mas, depois de tanto sacrifício para construir meu caráter, você ainda queria que eu não fosse vendê-lo?" (Dirceu – humorista)

grupo de orações → período composto

"A afirmação de que os mansos possuirão a terra está muito longe de ser uma afirmação mansa." (Chesterton apud Josué Montello – *Diário da Tarde*)

grupo de orações → período composto

Esquematizando:

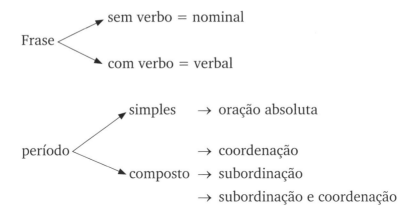

Funções das Classes Gramaticais

As discussões, ao longo dos tempos, a respeito das classes gramaticais mostram a complexidade do tema. Acompanhamos a divisão da Nova Nomenclatura Gramatical e, sucintamente, abordaremos as funções das Classes Gramaticais.

Preliminarmente, cumpre ressaltar que a divisão das classes gramaticais não é absoluta, rígida, estanque. É fato comum na língua o fenômeno de transmigração de classes gramaticais; assim o adjetivo se torna substantivo e vice-versa; o verbo substantiva-se e o mesmo ocorre com o advérbio; o substantivo próprio passa a comum e vice-versa. Exemplos:

"Pedia-me aqueles *nadas* que reanimam uma vida." (F. Namora)

O advérbio *nada* substantivou-se.

"No interior mineiro nos *longes* da minha lembrança, a caça à tanajura era prazer adicional ao prazer de andar descalço debaixo de chuva." (C.D.A.)

O advérbio *longe* está substantivado.

"Nos *sozinhos* dessa conversa, alisando e torcendo a barba, eu prometia sanar o caso da professora." (José Cândido de Carvalho)

O adjetivo *sozinho* está substantivado.

No exemplo de Josué Montello, a palavra *verde* aparece como adjetivo e como substantivo:

"E como a manhã vai começando, o orvalho torna mais *verde* o *verde* da folhagem, que cintila na claridade dourada."

A mudança de classes gramaticais é muito comum em provérbios e expressões populares. Exemplos:

"O comer e o coçar é só começar"; "os comes e os bebes";

"os teres e os haveres"; "o pisa-mansinho"; "o papa-defuntos".

As *classes* de palavras são substantivo, adjetivo, numeral, pronome, verbo, advérbio, preposição, conjunção, interjeição; *funções* das classes gramaticais é o papel desempenhado por elas no âmbito de oração.

Quadro sintético das funções das classes gramaticais:

* Funções das palavras relacionadas a nome (substantivo ou palavra substantivada)

  núcleo do sujeito
  adjunto adnominal
  complemento nominal
  aposto
  vocativo

* Funções das palavras relacionadas a *verbo*.

  objeto direto (verbo transitivo direto)
  objeto indireto (verbo transitivo indireto)
  agente da passiva
  adjuntos adverbiais

* Funções de palavras relacionadas simultaneamente a *nome* e a *verbo*.

  predicativos do sujeito
  predicativo do objeto (predicado verbo-nominal)

* Funções de palavras relacionadas a *adjetivo* e a *advérbio*.

  adjuntos adverbiais

Observações:

1. Os verbos *intransitivos* e os verbos *transitivos* são chamados verbos de *ação* ou núcleo do predicado.

2. Os verbos de *ligação* aparecem como elo entre o sujeito e o predicado *nominal*, constituído pelo predicativo do sujeito.

3. Alguns verbos caracterizam-se ora como verbo de ação, ora como verbo de ligação. Ex.: "A gente grande *virava* criança." (Gustavo Corção)

   Virar é verbo de ligação, neste caso; equivale a *tornar-se, transformar-se*.

   "Eu não *viro* páginas em minha leitura contínua..." (C.D.A.)

   Virar, neste caso, é verbo de ação.

"A canoa *virou* ..."

> *Virar*, aqui, é verbo intransitivo.

"O mundo, isto é, o homem, *anda* realmente fatigado..." (C.D.A.)

> Neste exemplo *andar* é verbo de ligação.

"Vi terras da minha terra,

Por outras terras *andei*." (Manuel Bandeira)

> *Andar* é verbo de ação.

"*Acabamos* exímios naquilo e..." (F. Sabino)

> *Acabar* é verbo de ligação.

"E agora, José?

a festa *acabou*..." (C.D.A.)

Acabar é verbo intransitivo.

"Os dias *ficaram* lindos." (C.D.A.)

> *Ficar* é verbo de ligação.

"*Ficou* uma briga para sempre."

> *Ficar* é verbo transitivo.

4. Em caso de dúvidas, o aluno pode recorrer ao *Dicionário prático de regência verbal*. (Luft, 1987).

Sujeito e Predicado

SUJEITO

O sujeito classifica-se, principalmente, em:

a) *Simples* (um só núcleo). Exemplo:

> "A *elegância* depende mais de esqueleto que de alfaiate." (L. Edmundo).

b) *Composto* (dois ou mais núcleos diferentes). Exemplo:

> "O *sogro*, a *sogra* apelaram no mesmo tom." (C.D.A.)

c) *Indeterminado* (não identificável). Exemplo:

> "Um dia deram-me de presente uma caixinha de música." (Gustavo Corção)

d) *Inexistente* (falta de sujeito). Exemplo:

"Há certos papos que nos dão a frustração e o desânimo de uma dízima periódica." (Dirceu – humorista)

PREDICADO

O predicado pode ser:

a) *Verbal* – o núcleo é o verbo. Exemplo:

"E a rosa *morreu*." (Paulo Mendes Campos)

"O padre-Diretor *tomou* assento à mesa, cercado de professoras e *deu* início à sessão." (Fernando Sabino)

b) *Nominal* – o núcleo é um nome. Exemplo:

"Adeus, e seja *feliz*, meu irmão." (Rubem Braga)

"O maior encanto dos bebês são as *babás*." (M. Quintana)

c) *Verbo-nominal* – dois núcleos: verbo e nome. Exemplo:

"*Sinto o país desorientado*." (Josué Montello)

O médico *encontrou* a criança *doente*.

Estruturas Mínimas e suas Expansões

Entende-se por *estruturas mínimas* àquelas que se constituem do *sujeito* e *predicado* (os chamados termos essenciais da oração) e dos *complementos* (os chamados termos integrantes).

Esquemas de estruturas mínimas

1. Sujeito + Predicado ou S + VI (verbo intransitivo)

"*Começou a demolição*." (C.D.A.)

"*Gatos somem*." (C.D.A.)

"O céu muito limpo, o sol muito forte, *começava o verão*." (Rachel de Queiroz).

"*Eu, confesso, sofria um pouco*." (C.D.A.)

2. Sujeito + VTD + Objeto Direto ou S + VTD + OD (verbo transitivo direto)

"*Percilato pegou os retratos...*" (José Cândido de Carvalho)

"A *noite se antecipou*." (Jorge Amado)

"As *águas cantam inocentemente sua canção de continuar*." (Mário Quintana)

"*Encontrei Ivan Lessa na fila de lotação...*" (Clarice Lispector)

3. | Sujeito + VTI + Objeto Indireto | ou | S + VTI + OI |
(verbo transitivo indireto)

"A *usina precisava de cana*." (José Lins do Rego)

"Mas o *garoto* precisa *acreditar no sítio* como outras pessoas precisam acreditar no céu." (Paulo Mendes Campos)

"Sim, *mineiro gosta de política*." (Rachel de Queiroz)

"E *passou à ofensiva* contra a outra." (Fernando Sabino)

4. | Sujeito + VTDI + Objeto Direto + Objeto Indireto | ou

| S + VTDI + OD + OI | (verbo transitivo direto e indireto)

"*Recomendara à empregada cuidados* especiais com o tapete." (F. Sabino)

"O *ato singelo deu* à nova *união* a sua *forma* oficial." (Josué Montello)

"O *portão* da casa *tem para mim* uma *ressonância* sentimental." (J. Montello)

"O *medo me leva ao perigo*." (Clarice Lispector)

5. | Sujeito + Verbo de Ligação + Predicativo do Sujeito | ou | S + VL + PS |
"O *gato é discreto*." (Lygia Fagundes Telles)

"Teus *silêncios são pausas* musicais." (Mário Quintana)

"A *voz é áspera e desdentada*." (G. Ramos)

"A *mocidade é* essencialmente *generalizadora*." (A. A. Lima)

6. | Sujeito + verbo intransitivo + predicativo do sujeito | ou | S + VI + PS |
"A *empregada apareceu desvairada*,..." (F. Sabino)

"*Vinha ela descuidosa*,... " (Rachel de Queiroz)

"*O carro partiu barulhento*." (A. Dourado)

"*A cidade acordou estupefata*." (M. de Assis)

	S	——	núcleo do sujeito;
	OD	——	núcleo do objeto direto;
Observação	OI	——	núcleo do objeto indireto;
	PS	——	núcleo do predicativo do sujeito.

Por *expansões* entendemos aqueles elementos que se constituem dos chamados termos *acessórios*, que acrescentam às ideias fundamentais um acidente qualquer.

Assim, na oração "Faço mágicas" (Luís Jardim), há uma oração despojada, apenas com seu esqueleto, provida tão só de sua estrutura mínima.

Já na oração "*Meu* primo chegou *ontem de avião*" (C.D.A.), os termos em destaque tornam a oração amplificada, mais especificada; tais termos – não necessários – são as *expansões* das estruturas mínimas:

Meu: expansão do sujeito.
Ontem, de avião: expansões do predicado.

Outros exemplos:

> "A luz *macia do sol morrente* acariciava *as* árvores." (Simões Lopes)

> *A, macia, do sol, morrente*: expansões do sujeito.
> *as*: expansão do objeto direto.

> "*Depois* Iracema quebrou *a* flecha *homicida*." (José de Alencar)

> *Depois*: expansão do predicado.
> *a, homicida*: expansões do objeto direto.

> "Viveu *a* vida *toda com um violão na sovaqueira*." (José Cândido de Carvalho)

> *a, toda*: expansões do objeto direto.
> *com um violão, na sovaqueira*: expansões do predicado.

> "Como são cheirosas *as primeiras rosas*

> E *os primeiros* beijos como têm perfume..." (Alphonsus de Guimaraens)

> *as, primeiras*: expansões do sujeito.
> *os, primeiros*: expansões do sujeito.

> "*Com açúcar* e *com afeto*
> Fiz *seu* doce *predileto*." (Chico Buarque)

> "*Com açúcar, com afeto*: expansões do predicado.
> *seu, predileto*: expansões do objeto direto.

Processos de Coordenação e Subordinação

Os mecanismos com que as orações se relacionam ou se amarram no período chamam-se *processos sintáticos*; tais processos são *Coordenação* e *Subordinação*.

A análise aprofunda desses processos extrapola nosso propósito. A noção de coordenação e subordinação oferece margem a muitas dúvidas e discussões (cf. CARONE, F. de B. *Subordinação* e *Coordenação*).

COORDENAÇÃO

Quando se fala em coordenação, entende-se identidade, igualdade ou paralelismo de funções sintáticas, que podem ocorrer tanto entre termos de uma oração, como entre orações de um período.

Nenhum dos elementos implicados é constituinte do outro; cada um é uma totalidade perfeitamente constituída em si mesmo. O que pode haver é uma interdependência de caráter semântico.

Na coordenação, tanto os termos quanto as orações apresentam um mesmo valor sintático; quando palavras exercem a mesma função de *sujeito* ou *objeto direto* ou outra qualquer, há *coordenação*. O mesmo ocorre com orações que têm equivalência de função sintática e, por isso, elas se denominam orações *coordenadas*. Exemplos:

"Perdeu-se uma jovem de 18 anos *alta, esbelta, bonita...*" (Leon Eliachar)

Os termos grifados são todos eles adjetivos e desempenham a mesma função sintática; são, pois, termos coordenados; entre eles há *coordenação*.

"Evoco-lhe a bondade, sinto a ternura de seus olhos azuis." (Josué Montello)

Há duas orações com função sintática equivalente; elas são *coordenadas*; há ausência de conectivo e, por isso, fala-se em coordenação *assindética*.

"Corremos todos os campos, varejamos grotas em todas as direções – inutilmente." (Monteiro Lobato)

Duas coordenadas assindéticas.

"Nava estudava, desenhava, poetava com segurança e colorido." (C.D.A.)

Há três orações com função sintática equivalente; elas são *coordenadas*; há ausência de conectivo e, por isso, fala-se em coordenação *assindética*.

"Não casou e ainda ficou perneta." (José Cândido de Carvalho)

Nota-se, de novo, equivalência de valor sintático e as orações estão concatenadas pelo conectivo *e*; trata-se de coordenação *sindética*.

O mesmo se pode observar neste outro exemplo:

"Joel Silveira dirigia um semanário, e há muito tempo aquele amigo lhe prometia um artigo." (Rubem Braga)

SUBORDINAÇÃO

Ao contrário da coordenação, o nexo na subordinação é de *dependência* sintática de uma ou mais orações em relação a outra. Daí falar-se em oração *subordinante* (principal) e oração *subordinada*.

Pode-se falar também em subordinação entre termos de uma mesma oração; os chamados termos *acessórios* que gravitam em torno dos termos essenciais subordinam-se a estes, agem em função destes. Exemplo:

"Amores fanados não reverdecem quando a vida caprichou em esmagá-los bem." (C.D.A.)

Há um período composto de três orações; no caso, a primeira é a *subordinante* e as outras duas são *subordinadas*.

"O céu é uma cidade de férias, férias boas, *que não acabam mais*." (Álvaro Moreira)

O período é composto de duas orações; a oração grifada é a subordinada.

"Dizem que Minas Gerais é um Estado Surrealista, e talvez seja." (C.D.A.)

Vê-se um exemplo de período *misto*, pois se forma por coordenação e subordinação: a primeira é principal, a segunda é subordinada e a terceira é coordenada.

"O caso dele era diferente, fora um moleque alegre, depois é que *a coisa azedara*." (Lygia Fagundes Telles)

No caso de período misto: a oração grifada é subordinada, as outras são coordenadas.

Relações Sintáticas – Concordância, Regência, Colocação

CONCORDÂNCIA

É o princípio segundo o qual se estabelecem correlações de flexão entre termos subordinantes e subordinados.

Consoante as classes gramaticais, podem-se apresentar as seguintes formas de concordância:

- Entre substantivo e adjetivo ou pronome → concordância *nominal*; o adjetivo ou pronome sofre as marcas do substantivo com o qual se relaciona.

- Entre sujeito e verbo → concordância *verbal*; no verbo sofre as marcas de número e pessoa do sujeito com o qual se relaciona.

Quando a correlação se faz pelo subordinante, fala-se em concordância *gramatical*; se o ajustamento se faz pela *ideia*, a concordância será *ideológica*; em caso de ajustamento pelo termo mais vizinho, a concordância será *por atração*.

É ponto aceito que a concordância é antes questão de estilo que de gramática, razão por que não se deve, precipitadamente, tachar de errônea tal ou tal concordância de autores renomados; cabe verificar se não assistiu a eles uma razão que justifique a forma proposta. Exemplo:

"Passageiros e motoristas atiram moedas." (Aníbal Machado)

Concordância gramatical: sujeito composto leva o verbo ao plural.

"Mas antes que o bordão nas moitas desse,
O par mimoso *sai, reaparece*
e *gritam*, como loucos de alegria." (Tomás Ribeiro apud Jesus Belo Galvão)

Gramaticalmente, há dissonância entre a forma *par* (singular) e *gritam* (plural); usou-se a concordância *ideológica*, com o sentido; a ideia de gritar casa-se melhor aos dois indivíduos que não ao grupo.

"Finjamos que *vem* a Bahia e o resto do Brasil às mãos dos Holandeses." (Vieira)

O sujeito é composto e o verbo está no singular, concordando por *atração* com a palavra Bahia.

O contexto fala do cerco dos holandeses à *Bahia*, então *capital* do Brasil; Vieira, em tom altamente emocional, ressalta a importância da Bahia; daí a razão da concordância no singular.

A concordância *ideológica* e a que se faz por atração são mais próprias da linguagem literária e da poesia, que se pautam, antes de tudo, consciente ou inconscientemente, pela carga emotiva.

REGÊNCIA

Denomina-se *regência* a dependência de palavras em relação a outras na oração. A forma *regente* é a que comanda; a forma *regida* é a que depende da outra.

Fala-se, aqui também, em:

1. Regência *nominal*: é a que se estabelece entre o *nome* e seus dependentes. Exemplo:

"Estais em poder da *munheca* do Coronel Ponciano." (José Cândidos de Carvalho)

"A mulher do corredor está sempre na pista do *marido*." (Leon Eliachar – humorista)

2. Regência *verbal*: é a que se constitui entre o verbo e seu complemento ou seu adjunto. Regência verbal ocorre com os verbos *intransitivos*, transitivos *diretos* ou *indiretos*. Registre-se que verbos *intransitivos*, por vezes, se usam transitivamente. Exemplo:

"Tossia sua tossinha de cemitério." (José Cândido de Carvalho)

"O meu último sono, eu quero assim dormi-lo." (Vicente de Carvalho)

"Riu o risinho cascateante." (L. F. Telles)

"Morrerás morte vil das mãos de um bravo." (Gonçalves Dias)

"Fale fala brasileira." (Mário de Andrade)

"Sonho o meu próprio sonho e o dos meus ancestrais." (Ledo Ivo)

Tal tipo de regência acontecia na língua latina, como acusativo de "objeto direto interno" e o exemplo mais comum nas gramáticas era: *"Mirum somniavi somnium"* (Sonhei um sonho maravilhoso).

COLOCAÇÃO

Consiste na disposição dos vocábulos na oração; há certas normas para a distribuição dos elementos na elaboração das orações, a saber, primeiro o sujeito e seus pertences; depois o predicado e seus complementos e adjuntos. É a chamada *ordem direta*.

Há também a *ordem indireta* ou *inversa* caracterizada mais pela ênfase, pela carga afetiva, pela fluência e ritmo das palavras e pela criatividade dos bons autores. A ordem indireta ditada pelo estilo contrapõe-se à ordem direta (gramatical) e a esta deve sobrepor-se.

Casos há em que a alteração dos vocábulos provoca alteração de sentido; assim, pode-se dizer que um *velho amigo* não é necessariamente um *amigo velho*. A propósito, o exemplo de Mário Quintana:

"Porto Alegre, antes, era uma grande cidade pequena; agora é uma pequena cidade grande."

Há de se dizer que a colocação das expansões na oração é mais livre.

A ordem inversa nunca pode ser violenta a ponto de provocar obscuridade, afetando a clareza.

Cumpre notar, também, que a colocação das palavras na oração se subordina aos intentos do autor em dar relevância a uma ou outra palavra.

5

O Parágrafo

Conceitos

Qualidades do parágrafo

Estrutura do parágrafo

Tópico frasal

Desenvolvimento

Conclusão

Formas de desenvolvimento do parágrafo

Organização do texto: coesão entre os parágrafos

Exemplário para análise de estrutura de parágrafo, identificação do tópico frasal etc.

Conceitos

Parágrafo é a unidade de composição do texto que apresenta uma ideia básica à qual se agregam ideias secundárias relacionada pelo sentido.

Conceituando-se o parágrafo como unidade de ideias, verifica-se que o parágrafo de descrição deve corresponder a cada aspecto do objeto descrito; o parágrafo de narração reflete cada fato da sequência narrada; o de dissertação corresponde a cada argumento ou raciocínio.

De maneira geral, nos textos bem escritos, a cada parágrafo relaciona-se uma ideia importante.

É variável a extensão do parágrafo: pode conter apenas uma frase ou alongar-se por uma página inteira. A tendência moderna é a intercalação de parágrafos curtos aos de média extensão. Não se usam, atualmente, parágrafos demasiadamente longos.

Tome-se como exemplo o seguinte texto:

"AÇÃO LINGUÍSTICA DOS MEIOS DE COMUNICAÇÃO DE MASSA

Cada meio de comunicação influi de maneira diversa na educação em geral e na educação linguística em particular, conforme a tecnologia empregada. Todos eles podem ser usados como motivação no processo escolar, de acordo com o código que utilizam, de forma diversificada, condizente com o nível de ensino a que se destinam.

Com o auxílio e a orientação do professor, esses meios têm condições de desenvolver a expressão, o senso crítico e a criatividade do aluno.

Jornais e revistas podem ser usados em sala de aula, em pesquisas sobre novas formas de comunicar, novos termos, empréstimos, tipos de discursos.

. . . .

O rádio influi sobre os usos orais da língua, tendo seu campo alargado com o advento do transistor. Comunicando apenas pela linguagem falada, enfatiza a empatia, utilizando por vezes registros e níveis populares, regionais e informais. O estudo da linguagem radiofônica em sala de aula é um recurso para a verificação dessa gama de variantes e registros e de sua adequação à situação, pois, na maioria dos casos, as emissoras são locais, tendo seu raio de atuação restrito.

A música popular brasileira é uma excelente base de estudo de nossas raízes culturais. Na disciplina Língua Portuguesa, as letras prestam-se à análise de fatos referentes a rima, métrica, palavras polissêmicas, construções frasais, níveis de interpretação textuais, intertextuais e supratextuais.

A televisão é o meio que mais influi no atual estádio da sociedade brasileira, graças à excelência de nosso sistema de telecomunicações, à penetração das cadeias nacionais de televisão e, também, à facilidade de recepção da imagem e sua decodificação num país com tão grande número de iletrados e tão pouco interesse pela cultura escrita. A TV difunde primordialmente a pronúncia padrão e o vocabulário básico do Centro-Sul, salvo nas reportagens locais e nas caracterizações de personagens regionais, onde são percebidas as variedades Norte-Sul, campo-cidade. A massa poderosa de informações veiculadas por este meio eletrônico deve ser integrada no processo escolar para que se aproveitem suas múltiplas possibilidades de motivação e sensibilização." (*Diretrizes para o aperfeiçoamento do ensino/aprendizagem da língua portuguesa*: Relatório Conclusivo, MEC, 1986. p. 29.)

Observe-se que o parágrafo inicial aponta o papel dos meios de comunicação; os parágrafos seguintes tratam especificamente desses meios, um parágrafo para cada um.

Qualidades do Parágrafo

O tema de um texto deve ser o mesmo; portanto, quando se inicia um novo parágrafo, não se muda de assunto. A abordagem, os argumentos é que se vão modificando em função de explicar, esclarecer, transmitir ideias que tornem o texto mais claro.

Entre as qualidades do parágrafo destacam-se:

- unidade;
- coerência;
- concisão;
- clareza.

Unidade. Apenas uma ideia principal pode emergir do parágrafo. As ideias secundárias devem girar em torno da principal, sem acréscimos que possam quebrar a unidade exigida.

Coerência. A organização do parágrafo far-se-á de tal forma que fique evidente, em destaque, o que é principal. Torna-se indispensável haver subordinação e relacionamento de sentido entre as ideias secundárias e a principal.

Concisão. Não é aconselhável estender demasiadamente as exemplificações e os desdobramentos da ideia principal. A concisão, contudo, não deve ser alcançada em detrimento da clareza.

Clareza. A clareza, em grande parte, depende da escolha das palavras. A palavra adequada ao contexto concorre para que o parágrafo se torne de fácil compreensão e de leitura agradável.

A transição de um parágrafo para outro não há de ser brusca, abrupta; impõe-se um encadeamento lógico e natural entre os parágrafos.

Às vezes, torna-se indispensável acrescentar ao texto um parágrafo de transição para que a sucessão de ideias se faça de maneira harmoniosa.

Aconselha-se, porém, que o texto não apresente parágrafos repetitivos, isto é, dois ou três parágrafos redigidos de forma diversa, mas contendo a mesma ideia. A repetição torna o texto redundante e cansativo.

Atente-se, no texto que se segue, para o encadeamento dos parágrafos.

"TEMPO INCERTO

Os homens têm complicado tanto o mecanismo da vida que já ninguém tem certeza de nada: para se fazer alguma coisa é preciso aliar a um impulso de aventura grandes sombras de dúvidas. Não se acredita mais nem na existência de gente honesta; e os bons têm medo de exercitarem sua bondade, para não serem tratados de hipócritas ou de ingênuos.

Chegamos a um ponto em que a virtude é ridícula e os mais vis sentimentos se mascaram de grandiosidade, simpatia, benevolência. A observação do presente leva-nos até a descrer dos exemplos do passado: os varões ilustres de outras eras terão sido realmente ilustres? Ou a História nos está contando as coisas ao contrário, pagando com dinheiros dos testamentos a opinião dos escribas?

Se prestarmos atenção ao que nos dizem sobre as coisas que nós mesmos presenciamos – ou temos que aceitar a mentira como a arte mais desenvolvida do nosso tempo, ou desconfiaremos do nosso próprio testemunho, e acabamos no hospício!" (Meireles, 1968, p. 52)

Neste fragmento de Cecília Meireles notamos que há encadeamento lógico entre os parágrafos, sem haver repetição.

Estrutura do Parágrafo

O parágrafo pode ser considerado um microtexto e, como tal, não prescinde da delimitação do assunto e fixação do objetivo. Método simples e prático de apresentar esses dois requisitos indispensáveis é responder às perguntas:

O quê? (delimitação)

Para quê? (fixação do objetivo)

Assim como sucede com o texto, o parágrafo deve conter introdução, desenvolvimento e conclusão.

Exemplo:

"FRANGOS

Introdução { "Hoje não se diz mais 'cercou um frango', diz-se 'engoliu um frango'./ Há quem confunda uma coisa com outra e, confundindo-as, chegue a achar que noutros tempos o torcedor tinha mais graça. A expressão 'cercou um frango' era realmente perfeita. Quando alguém na arquibancada, pela primeira vez, gritou 'cercou um frango', todo mundo viu o frango, o gesto familiar de cercar um frango, o quíper de braços abertos, acocorado, cerca a bola daqui, cerca a bola dali, a bola aos saltos, fugindo, como um frango. Não se sente o mesmo no '*engoliu* um frango', embora o torcedor vá ao ponto de, às vezes, medir ou pesar o frango. Este não foi frango, foi uma galinha, e das gordas. Ou este foi um peru, e argentino./ A verdade é que antes, muito antes mesmo de se dizer 'cercou um frango', o torcedor, em relação ao gol, já pensava no verbo *engolir* ou comer, mais em comer do que *engolir*. A prova está no apelido de 'Guloso' que se deu a um quíper da Mangueira." (Mário Filho, 1994, p. 150)

Desenvolvimento

Conclusão

O assunto é anunciado na introdução; no desenvolvimento justifica-se a afirmação inicial; a conclusão está intimamente relacionada com as partes anteriores (introdução e desenvolvimento).

Tópico Frasal

A introdução, na grande maioria dos casos, corresponde ao tópico frasal, que anuncia a ideia-núcleo do parágrafo.

Além de conter a ideia central, importa que o tópico frasal seja atraente, para estimular a continuação da leitura.

Na descrição e na dissertação é que o tópico frasal aparece mais nitidamente. Na narração, a ideia central vem, quase sempre, diluída no desenvolvimento do parágrafo.

Em alguns casos, mais raros, a ideia central surge no final do parágrafo ou mesmo no meio. Exemplo de tópico frasal:

> ***O clima europeu e a paisagem de montanha não são o único charme da serra fluminense*** . Tanto ou mais que o ar puro e os encantos da natureza, a Serra dos Órgãos é um apelo tentador, quase escondido, aos prazeres da mesa. Na região entre Petrópolis e Teresópolis, formou-se um pólo gastronômico onde a boa comida se alia ao cenário privilegiado. É o Vale dos Gourmets, como foi apelidada a região de Araras, Correias e Itaipava. Lá predomina uma versão brasileira dos restaurantes de patrão, como os franceses chamam os estabelecimentos onde o dono supervisiona a cozinha e administra o negócio, contando com a ajuda da mulher e dos filhos. São restaurantes familiares, construídos na sala de jantar da casa do dono, que recebe os clientes como se fossem visitas. (LEITTE, Virginie. Revista Veja, n-Q 31, 29 jul. 1992, p. 69.)

Desenvolvimento

O desenvolvimento do parágrafo nada mais é que o desdobramento do tópico frasal.

Do desenvolvimento constam as ideias secundárias, que explicam ou esclarecem a ideia central, os exemplos, as referências históricas, tudo que possa contribuir para corroborar o que foi dito no tópico frasal.

O desenvolvimento do parágrafo pode realizar-se mediante várias formas:

- explicitação da declaração inicial;
- ordenação por causa-consequência;
- ordenação por contraste;
- ordenação por enumeração;
- ordenação por exemplificação;
- resposta à interrogação etc.

Conclusão

Nem todos os parágrafos apresentam uma conclusão explícita, principalmente os que contêm encadeamento inerente ao desenvolvimento do tema.

A conclusão se manifesta mais frequentemente nos parágrafos de textos dissertativos – expõem ideias, discutem problemas , defendem opiniões, analisam fatos.

A conclusão, via de regra, se faz presente no final do texto, em decorrência das suas características estruturais.

Exemplo de conclusão em um parágrafo:

> O português **calão** se emprega para caracterizar a linguagem grosseira, recheada de termos obscenos, linguagem de arrieiros, como se dizia antigamente. Não se trata, porém, de linguagem secreta; ao contrário, o calão é geralmente conhecido pelos membros de qualquer camada da sociedade, mas evitado em meios e momentos em que a boa educação o repele. É, pois, um *tabu* social. Contudo a sociedade moderna, que descobriu a contracultura e se lançou na pretensa anticruzada da desmitificação, está fazendo do calão uma forma de desafio ao que considera padrão burguês da linguagem. ***Curiosamente o recurso ao 'palavrão' é coisa de burgueses e não de proletários, muito mais respeitosos e conservadores***. (Elia, 1987, p. 72)

Formas de Desenvolvimento do Parágrafo

A elaboração de parágrafos não pode ficar jungida a normas muito restritas. Um parágrafo pode apresentar mais de uma faceta ao mesmo tempo, de acordo com a natureza do assunto, o tipo de composição, o estilo do escritor. As formas de desenvolvimento que se citam têm caráter didático; visam a oferecer ao aluno subsídios para o aprendizado.

As principais formas de desenvolvimento são:

a) *Explicitação da declaração inicial*. Consiste no desdobramento da afirmação ou negação no tópico frasal; forma um conjunto de ideias secundárias que corroboram a proposição inicial. É o tipo mais corrente e, na realidade, o mais encontrado. Exemplo:

> *Em essência, a administração é a guardiã dos interesses de muitos grupos diferentes*. Executa a função de intendência em nome dos proprietários, que buscam um retorno satisfatório para seu investimento. O retorno pode ser lucro (como em uma empresa) ou serviço (como em governo municipal, estadual ou federal). A administração também tem de considerar os melhores interesses dos *empregados*, os quais procuram bom pagamento, condições de trabalho seguras e confortáveis, tratamento justo e equitativo, a maior segurança possível no cargo, mais folga e esforço menos cansativo. O interesse do *público*, incluindo grupos consumidores, ambientalistas e defensores dos direitos civis, precisa de alguém que cuide dele. A administração

> também tem de agradar os *clientes, fregueses* e *consumidores*, porque sem eles a organização não teria propósito. Eles são a razão para a existência da maioria das organizações. Precisam ser considerados outros, como *credores, fornecedores, líderes sindicais* e *associações comerciais*. Finalmente, a administração precisa satisfazer às necessidades e demandas de vários tipos de governo. Se ela favorecer um grupo às expensas de outros, a longo prazo tenderá a criar um desequilíbrio em detrimento da organização. (Megginson, 1986, p. 11)

b) *Causa-consequência*. É ponto pacífico a correlação das ideias causa-consequência; uma supõe a outra, pois são conceitos interdependentes.

Trata-se da relação lógica por excelência e o que se busca num parágrafo assim ordenado é o encadeamento lógico do raciocínio. O conjunto causa-consequência transparece de forma *explícita* ou *implícita*. Explicitamente com:

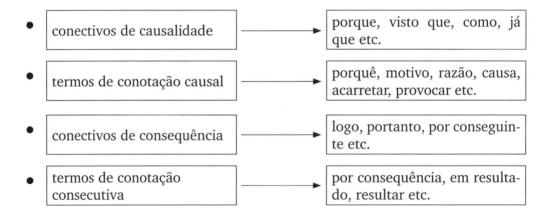

Implicitamente, com estruturas frasais que impliquem causa ou consequência ou quando, semanticamente, se nota tal forma de desenvolvimento. Exemplo:

> As redações dos jornais brasileiros foram gradativamente se diversificando. Isso foi necessário porque o mundo se complicou desde que se começou a fazer jornal. A divisão das editorias por especialidades foi uma necessidade criada pela sofisticação da vida moderna. A seção de Educação, por exemplo, não existia nos jornais brasileiros até os anos 70. Havia, quando muito, colunas que davam noticiário, sobre o salário de professores e alguns cursos; sequer cobria a atividade estudantil. A modificação do mundo – o ciclo revolucionário semianarquista de 1968 – obrigou os jornais a criarem áreas específicas. Isso é inevitável. Mas a diversificação traz um prejuízo, porque os redatores e repórteres de certas áreas tendem

a especializar-se demais para melhorar de nível e, em consequência, perdem a visão de conjunto. E, se o número de seções se multiplica demais, o número de editores cresce tanto que o jornal pode se tornar antieconômico. Acho que os jornais deveriam ser reconcebidos de outra maneira: com duas ou três grandes seções que teriam *senior editors* – que seriam, grosso modo, as seções de Política, Economia e Exterior –, que ajudariam a cúpula a fazer o jornal. O resto seriam *junior editors*, vinculando as áreas específicas a essas grandes seções. (ABRAMO, Cláudio. *A regra do jogo*. p. 164)

c) *Ordenação por contraste*. Poder-se-ia falar também em desenvolvimento por confronto, por antítese ou por oposição. O objetivo é apontar diferenças, estabelecer oposições e chegar ao esclarecimento.

Aqui, igualmente, evidencia-se o contraste de forma *explícita* ou *implícita*.

Explicitamente com:

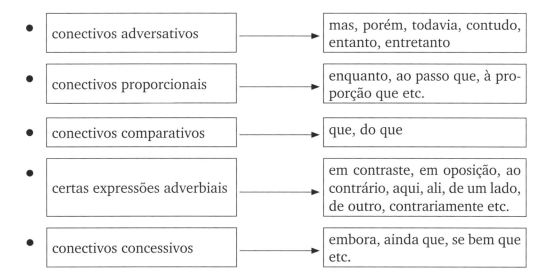

Implicitamente, quando a estruturação do período implica conotação de confronto. Exemplo:

Enquanto o pensamento medieval é predominantemente teocêntrico (centrado na figura de Deus), o homem moderno coloca a si próprio no centro dos interesses e decisões. Dá-se a laicização do saber, da moral, da política, estimulada pela capacidade de livre exame. Da mesma forma que em ciência se aprende a ver com os próprios olhos, até na religião os adeptos da Reforma defendem o acesso direto ao texto bíblico, cada um tendo o direito de interpretá-lo. Além disso, o homem moderno descobre sua subjetividade. Enquanto o pensamento antigo e medieval parte da realidade inquestionada do objeto e da capacidade do homem de conhecer, surge na Idade Moderna a preocupação com a 'consciência da consciência'. O problema central é o problema do sujeito que conhece, não mais do objeto. Antes, se perguntava: 'Existe alguma coisa?', 'Isto que existe, o que é?' Agora, o problema não é saber se as coisas são, mas se nós podemos eventualmente conhecer qualquer coisa. (...). (Aranha, 1986, p. 142)

d) *Ordenação por enumeração*. Caracteriza-se pela busca da ordenação minuciosa, pelo detalhamento de ideias ou argumentos e visa, assim, à generalização.

Manifesta-se a enumeração com a relação de termos, com expressões indicadoras de tempo, lugar, com sequência de numerais (especialmente os ordinais). Os dois pontos anunciam, em geral, a enumeração e eles têm como funções principais explicar e enumerar. Exemplo:

"BUMBA MEU BOI

Este é um dos mais conhecidos e importantes meios de divertimento popular no Brasil. É, também, uma forma expressiva de comunicação. O bumba meu boi mais famoso do Brasil é o do Maranhão, mas existem equivalentes em quase todos estados do país. Entre os vários nomes, temos: no Amazonas, *boi-bumbá*; no Maranhão, além do consagrado *Bumba meu boi*, existe o *boi de reis*; no Ceará, *boi-surubi*; no Rio Grande do Norte, *boicalemba*; na Bahia, *rancho-de-boi*; no Espírito Santo, *bumba de reis*; em Santa Catarina, *boi de mamão*; no Rio Grande do Sul, *boizinho*. No Estado de São Paulo, há figuras equivalentes como o *boi de jacá*, em Pindamonhangaba, e o *boizinho*, de Ubatuba. Segundo o pesquisador José Ribamar Sousa dos Reis, o bumba meu boi pode levar até seis horas. A origem dessa manifestação é geralmente ligada ao ciclo da criação de gado. Existem três tipos de personagens: humanos, animais e entes fantásticos. Os humanos costumam ser: o Capitão e seus ajudantes Valentão e Caitira, o padre, o sacristão, o doutor, o delegado e o fazendeiro, dono do boi. Entre os animais, temos o cavalo-marinho, a burrinha, o bode, o cachorro, o sapo e o boi, a figura principal do evento. Como entes fantásticos, temos figuras mitológicas, como o morto-vivo, o diabo, a caipora, o lobisomem e Mané-Pequenino." (Luyten, 1988, p. 35-36)

e) *Ordenação por exemplificação*. Está intimamente ligada à enumeração; seria um tipo de enumeração. Geralmente assume caráter didático, socorrendo-se de partículas adequadas: como, por exemplo, *verbi gratia* (v. g.), exempli gratia (e.g.) e outra. Exemplo:

> Lei da passagem da quantidade à qualidade – o processo de transformação das coisas se faz por 'saltos'; mudanças mínimas de quantidade vão-se acrescentando e provocam, em um determinado momento, uma mudança qualitativa: o ser passa a ser outro. O exemplo clássico é o da água esquentando; ao alcançar 100ºC, deixa o estado líquido e passa para o gasoso. Lênin, define o salto como o ponto de passagem decisivo da velha qualidade para a nova, como o ponto crítico do desenvolvimento. Esta lei é ilustrada pelo exemplo do calor das caldeiras transformado em movimento mecânico e vice-versa. A química é, por excelência, a ciência das mudanças. Por exemplo, o oxigênio: se, para formar uma molécula, se unirem três átomos em vez de dois, temos o ozônio. Na biologia, alterações acumuladas levam à formação de uma nova espécie. Não história das sociedades humanas, as ações dos indivíduos vão se somando até um ponto de ruptura em que uma velha ordem é substituída por uma nova ordem. Daí da diferença entre evolução e revolução: a primeira é quantitativa; a segunda, qualitativa. (Aranha, 1986, p. 112)

f) *Resposta à interrogação*. Busca desenvolver o parágrafo em forma de resposta à pergunta inicial. Exemplo:

> Quantas Odisseias contém a Odisseia? No início do poema, a Telemaquia é a busca de uma narrativa que não existe, aquela narrativa que será a Odisseia. No palácio de ítaca, o cantor Fêmio já sabe os *nostoi* dos outros heróis; só lhe falta um, o de seu rei; por isso, Penélope não quer mais ouvi-lo cantar. E Telêmaco parte em busca dessa narrativa junto aos veteranos da Guerra de Troia; se a encontrar, termine ela bem ou mal, Ítaca sairá da situação amorfa sem tempo e sem lei em que se encontra a tantos anos. (Calvino, 1993, p. 17)

Organização do Texto: Coesão entre os Parágrafos

O parágrafo é a unidade do texto, mas não bastam parágrafos bem estruturados para assegurar-lhe a tessitura lógica. Importa que haja coesão entre os parágrafos que espelhe a linha de raciocínio explicitada no desenvolvimento do assunto.

O encadeamento das ideias mestras contidas em cada parágrafo é que vai construir a organicidade do texto, o equilíbrio entre suas partes, condições indispensáveis para que o assunto abordado se torne claro e compreensível.

"A CASA MATERNA

Há, desde a entrada, um sentimento de tempo na casa materna. As grades do portão têm uma velha ferrugem e o trinco se oculta num lugar que só a mão filial conhece. O jardim pequeno parece mais verde e úmido que os demais, fiel a um gesto de infância, desfolha ao longo da haste.

É sempre quieta a casa materna, mesmo aos domingos, quando as mãos filiais se pousam sobre a mesa farta do almoço, repetindo uma antiga imagem. Há um tradicional silêncio em suas salas e um dorido repouso em suas poltronas. O assoalho encerado, sobre o qual ainda escorrega o fantasma da cachorrinha preta, guarda as mesmas manchas e o mesmo taco solto e outras primaveras. As coisas vivem como em prece, nos mesmos lugares onde se situaram as mãos maternas quando eram moças e lisas. Rostos irmãos se olham dos porta-retratos, a se amarem e compreenderem mudamente. O piano fechado, com uma longa tira de flanela sobre as teclas, repete ainda passadas valsas, de quando as mãos maternas careciam sonhar.

A casa materna é o espelho de outras, em pequenas coisas que o olhar filial admirava ao tempo em que tudo era belo: o licoreiro magro, a bandeja triste, o absurdo bibelô. E tem um corredor à escuta, de cujo teto pende uma luz morta, com negras aberturas para quartos cheios de sombra. Na estante junto à escada há um *Tesouro da Juventude* com o dorso puído de tato e de tempo. Foi ali que o olhar filial primeiro viu a forma gráfica de algo que passaria a ser para ele a forma suprema da beleza: o verso.

Na escada há o degrau que estala e anuncia aos ouvidos maternos a presença dos passos filiais. Pois a casa materna se divide em dois mundos: o térreo, onde se processa a vida presente, e o de cima, onde vive a memória. Embaixo há sempre coisas fabulosas na geladeira e no armário da copa: *roquefort* amassado, ovos frescos, mangas-espadas, untuosas compotas, bolos de chocolate, biscoitos de araruta – pois não há lugar mais propício do que a casa materna para uma boa ceia noturna. E porque é uma casa velha, há sempre uma barata que aparece e é morta com uma repugnância que vem de longe. Em cima ficam os guardados antigos, os livros que lembram a infância, o pequeno oratório em frente ao qual ninguém, a não ser a figura materna sabe por que, queima às vezes uma vela votiva. E a cama onde a figura paterna repousava de sua agitação diurna. Hoje, vazia.

A imagem paterna persiste no interior da casa materna. Seu violão dorme encostado junto à vitrola. Seu corpo como que se marca ainda na velha poltrona da sala e como que se pode ouvir ainda o brando ronco de sua sesta dominical. Ausente para sempre da casa materna, a figura paterna parece mergulhá-la docemente na eternidade, enquanto as mãos maternas se fazem mais lentas e as mãos filiais mais unidas em torno à grande mesa, onde já agora vibram também vozes infantis." (Moraes, 1968, p. 90-91)

O texto anterior revela uma sequência lógica entre os parágrafos, a saber: o primeiro oferece uma descrição sucinta da casa materna, no seu aspecto exterior.

No segundo, iniciado por "É sempre quieta a casa materna..." prossegue a descrição, porém em outro nível. A descrição dos aspectos físicos externos do primeiro parágrafo cede lugar a outros aspectos, porém, do interior.

O terceiro parágrafo "A casa materna é o espelho de outras..." continua a descrição de aspectos interiores, porém deixando transparecer um tom de generalização.

No parágrafo seguinte, juntamente com a continuidade da descrição, suscintam-se lembranças da infância.

No último parágrafo vem juntar-se à imagem da casa materna a evocação da figura paterna, como que completando o ciclo familiar.

Exemplário para análise de estrutura de parágrafo, identificação do tópico frasal etc.

"Estudando os diversos elementos que concorrem para a determinação dos atos humanos e observando a marcha da humanidade através da história, vê-se, claramente, que dois princípios subjetivos fundamentais, combinados com uma multiplicidade infinita de causas objetivas, presidem o desenvolvimento do homem, desde o obscuro habitante das cavernas até os brilhantes filhos da civilização hodierna. Tais são: o interesse e a paixão. Esses dois princípios combinados dão em resultado a necessidade; e tal é a grande força motora a que são devidas todas as obras, todas as grandes conquistas da atividade humana. As nossas necessidades podem ser reduzidas a duas ordens: necessidades físicas e necessidades intelectuais ou morais. Das necessidades físicas nascem os esforços tendentes à apropriação do universo, os quais têm por fim o desenvolvimento físico do indivíduo. As necessidades intelectuais dão lugar aos esforços tendentes ao conhecimento das coisas, ao aperfeiçoamento indefinido da inteligência, a estas grandes manifestações do pensamento: a ciência, a religião, a filosofia." (Brito apud Rebello, 1967, p. 137)

"Raros movimentos literários, entre nós, desencadearam, como o Modernismo, tantos manifestos e textos doutrinários. Por influência europeia, onde o Futurismo se difundiu por meio de escritos no gênero, compelindo os demais `ismos' da época a percorrerem idêntica trilha; ou em razão de fatores específicos determinando uma autóctone tomada de consciência do rumo a seguir, o certo é que os modernistas da primeira hora foram pródigos em explicar suas intenções. Entretanto, tais são as divergências internas nos grupos formados após 1922, expressas em propostas teóricas nem estrito, que não cabe confundir com o sentido amplo – qual se consubstancia na boa formulação e na boa comunicação do pensamento." (Câmara Jr., 1978, p. 12-13)

"Enquanto os homens se contentarem com suas cabanas rústicas, enquanto se limitarem a costurar com espinhos ou com cerdas suas roupas de pele, a enfeitar-se com plumas e conchas, a pintar o corpo com várias cores, a aperfeiçoar ou embelezar seus arcos e flechas , a cortar com pedras agudas algumas canoas de pescador ou alguns instrumentos grosseiros de música – em uma palavra: enquanto só se dedicavam a obras que um único homem podia criar e as artes que não solicitavam o concurso de várias mãos, viveram tão livres, sadios e felizes quanto o poderiam ser por sua natureza, e continuam a gozar entre si das doçuras de um comércio independente; mas, desde o instante em que um homem sentiu necessidade do socorro de outro, desde que se percebeu ser útil a um só contar com provisões para dois, desapareceu a igualdade, introduziu-se a propriedade, o trabalho tornou-se necessário e as vastas florestas transformaram-se em campos aprazíveis que se impôs regar com o suor dos homens e nos quais logo se viu a escravidão e a miséria germinarem e crescerem com as colheitas." (Rousseau, apud Aranha, 1986, p. 256)

"Embora o método tenha sido sempre objeto de discussão dos filósofos, nunca o foi com a intensidade e prioridade concedidas pelos filósofos modernos. Até então, a filosofia se preocupara com o problema do ser, mas na Idade Moderna vai se voltar para as questões do conhecer. Daí surgem os temas privilegiados de epistemologia, ou seja, a discussão a respeito da crítica da ciência e do conhecimento. Nessa 'virada' temática, dá-se também outra inversão: o filósofo antigo não questiona a realidade do mundo, o que passa a ser feito por Descartes, que, seguindo rigorosamente o caminho, o método estabelecido, reconhece como indubitável o ser do pensamento. É nesse encontro da subjetividade que residem as variações do novo tema. O filósofo vai se preocupar com o sujeito cognoscente (o sujeito que conhece), mais do que com o objeto conhecido." (Aranha, 1986, p. 149-150)

6

Formas de Composição do Texto

Introdução
Elementos estruturais do texto
Tipos de texto
Descrição
Características da narração
Técnicas de dissertação
Aplicação das diferentes formas de composição do texto Editorial
Crônica
Notícia
Reportagem

Introdução

Um texto pode ser vazado em diversas formas, consoante a sua finalidade ou funcionalidade. Nunca é demais lembrar que uma redação comporta três partes: introdução, desenvolvimento e conclusão. Introdução "é o que não admite nada antes e pede alguma coisa depois", segundo Aristóteles. Serve para situar o leitor dentro do assunto a ser desenvolvido, não apresentando fatos ou razões, pois sua finalidade é predispor o espírito do leitor para o que virá a seguir. Desenvolvimento é o corpo do trabalho propriamente dito. Nele são apresentados os fatos, as ideias e as razões, exigidos pelo que foi anunciado na introdução. A conclusão ou fecho "é o que pede alguma coisa antes e nada depois", ainda no dizer de Aristóteles. É o conjunto que encerra a redação, de tal modo que seja desnecessário aduzir-se algo mais.

Elementos Estruturais do Texto

Um texto pode ser analisado a partir de três elementos fundamentais: estrutura, conteúdo e expressão.

a) A estrutura compreende: unidade, organicidade e forma.

Unidade. A redação constitui-se de um só assunto; deve organizar-se em função de um só núcleo temático.

Organicidade. As partes da redação (introdução, desenvolvimento e conclusão) devem ser organizadas como um todo, articulado de forma coerente e lógica.

Forma. É a maneira de se apresentar o conteúdo. O tema poderá ser abordado de forma descritiva, narrativa ou dissertativa. Se se solicitar ao aluno uma descrição, evidentemente não se pode admitir a forma narrativa; se a solicitação for uma carta comercial, não cabe ao aluno escrever um poema, um conto ou dissertação.

b) O conteúdo exige coerência e clareza. Etimologicamente, conteúdo é forma arcaica do particípio passado do verbo conter. Tal forma sobrevive como substantivo e significa a própria mensagem a ser transmitida.

Coerência. A redação deve apresentar um conteúdo onde haja ideias fundamentais e pertinentes ao tema proposto. As ideias devem ser elaboradas segundo critérios que possibilitem perfeita relação, visando ao entendimento entre emissor e receptor. Neste item, a principal observação a ser feita é que não pode haver fuga ao tema proposto, nem inclusão de citações ou informações que não sejam pertinentes ao desenvolvimento do assunto.

Clareza. A clareza é consequência da coerência. A falta de contato com o tema, a abordagem tangencial ou fragmentada afetam a clareza por apresentar o conteúdo sem contornos definidos, diluídos ao longo da redação.

Outro obstáculo à clareza é a frase mal estruturada ou ambígua que dificulta a compreensão e distorce o sentido.

Quanto à clareza, convém atentar para o seguinte:

- A simplicidade deve prevalecer sobre a linguagem rebuscada; não usar palavras cujo significado não seja familiar. Exemplos:

  "Cicio etéreo dos ecos inefáveis..." (Barão de Paranapiacaba)
  O Senhor Mauro é um quiropedista. (pedicuro)
  "Ante a glória, a esplender, tudo se obumbra!" (Martins Fontes)
  Atingir os páramos perpétuos do porvir.
  Participamos de um jantar opíparo.
  Tétrica noite aziaga.

- Evitar palavras ou expressões vagas, como negócio, coisa, cara, veja bem etc. Exemplos:

  A vida é um negócio sério.
  Tacha é uma coisa pontuda.
  "Essa coisa faz uma coisa..." (Clodovil)

- Evitar pleonasmo (tautologia), ou seja, a repetição da mesma ideia. Exemplos:

  Isto acontece com os velhos já idosos.
  Família patriarcal em que o pai é o centro.
  Parasita que vive às custas dos outros.
  Precisamos adquirir uma infraestrutura básica.
  Todo machismo masculino...
  O poder aquisitivo de adquirir bens.

- Evitar o uso de palavras ou expressões ambíguas. Exemplos:

  A especialidade da loja é vender cama para crianças de ferro.
  Despediram-se os empregados.
  É proibido dirigir um carro ébrio.
  O funcionário obteve licença por doença de dez dias.
  DEIC solta preso por engano.
  Seguem cinco cavalos, sendo dois éguas.

c) Expressão refere-se ao domínio do léxico e estrutura da língua. Para se conseguir boa expressão é fundamental a leitura de bons escritores e o manuseio constante, habitual do dicionário. No item *expressão* devem-se considerar os seguintes tópicos: criatividade, propriedade, concisão e correção.

Criatividade. Diz respeito à originalidade. Consiste em saber apresentar uma positiva contribuição pessoal, seja variando expressões comuns, seja concorrendo para a renovação de formas antigas.

- Há de se evitar o uso de chavões, chapas, lugares-comuns. Exemplos:

  > Desde os tempos mais remotos...
  > Hoje em dia este é um assunto muito debatido.
  > A cada dia que passa.
  > Eu não tenho palavras.
  > Espero contar com a colaboração de todos.
  > Sem mais, termino esta... (carta)

- Os chamados "clichês estilísticos" devem ser igualmente evitados. Exemplos:

  > Era uma cena dantesca.
  > Nesta radiante manhã de sol.
  > Neste momento solene.
  > Morrer na flor dos anos.
  > O acontecimento memorável.
  > Era um botão de rosa sem espinhos.

- Considera-se elegante a substituição dos possessivos pelos pronomes pessoais correspondentes. Exemplo:

  > O frio percorreu *sua* espinha.
  > O frio percorreu-*lhe* a espinha.
  > O remorso roía *sua* alma.
  > O remorso roia-*lhe* a alma.
  > Enchia *minha* alma aquela maravilha da criação.
  > Enchia-*me* a alma aquela maravilha da criação. (J. L. do Rego)

- No item originalidade pode-se deixar de usar a palavra *que*, substituindo-a por oração reduzida. Exemplo:

  > Tinha um comportamento *que* tendia à depressão.
  > Tinham um comportamento *tendente* à depressão.

- Deve-se evitar a repetição de termos ou expressões como *devido ao, devido à*, que podem ser substituídas por: em virtude de, em razão de, em vista de, em face de, à vista de etc.

Em lugar de *muitas vezes* pode-se empregar vezes e vezes, vezes sem conta, muitas das vezes, vezes muitas, muita vez etc.

Propriedade. É o uso de palavras ou expressões adequadas ao assunto. Evitem-se os casos de impropriedade vocabular, tais como:

"A cachorra também é um ser humano." (A. R. Magri)
O paralítico andava sobre a cadeira de rodas.
A exuberante alta dos preços.
O ser humano nasce cru.
Vamos ordenhar os nossos pensamentos.

"Não é possível saber o que vai acontecer, pois o prazo que os Estados Unidos deu para Saddan evacuar está acabando e termina amanhã..."

Concisão. Consiste em exprimir apenas o necessário, em oposição à prolixidade (verbosidade, verborreia). Para se conseguir tal síntese de pensamento, observe-se o seguinte:

- Eliminar o supérfluo, o redundante. Exemplos:

Só a oposição mais ingênua se recusa a *enfrentá-lo de frente*.
Os jovens *irão colher* os frutos *futuramente*.
Cada dia o homem sofre mudança *diária*.
Ao contrário disso, pensamos *diferente*.
Isso é um *círculo vicioso que não tem fim*.
Memória mnemônica.

- Eliminar o uso excessivo dos indefinidos *um* e *uma*. Exemplos:

Uma certa manhã de verão...
De *um* modo geral, somos acomodados.
Continua em *uma* grande expansão.

- Evitar o emprego do pronome pessoal sujeito, obrigatório apenas nos casos de ênfase ou antítese.

Exemplo de ênfase: *"Eu sou o bom Pastor."* (Evangelho)
Exemplo de antítese: *"Eu vi a morte*. E *ela* estava viva." (Cazuza)

- Eliminar pormenores desnecessários. Exemplo:

"Quando eu tinha quatro anos de idade e morava com uma tia viúva e já idosa, que passava a maior parte do tempo acariciando um gatarrão

peludo numa velha e rangente cadeira de balanço, na sala de jantar da nossa casa, que ficava no subúrbio, próxima ao Hospital São Sebastião, *já era louco por futebol.*"

Correção. Consiste no uso de formas adequadas, do ponto de vista da gramática normativa.

Entre outros aconselhamentos, destacam-se:

1. Evite o uso de gíria, termos estrangeiros, chavões e outros vícios de linguagem.

2. Evite o emprego das abreviaturas de caráter prático, útil apenas para as anotações. Grafe os números, de preferência, por extenso.

3. Empregue corretamente a pontuação. A pontuação inadequada pode alterar o sentido da frase. Lembre-se de que os parênteses não têm a finalidade de isolar a palavra ou expressão errada ou mal escrita.

4. É preferível usar a ordem direta da frase (sujeito + predicado + complementos). A ordem inversa pode dificultar a compreensão.

5. Use frases curtas, expressando uma ideia de cada vez.

6. Evite períodos longos, com muitas orações subordinadas e intercaladas, que prejudicam a compreensão e o ritmo da frase.

7. A subordinação deve ser usada para evitar a repetição de ideias, ligando duas frases em um só período. A fórmula ideal é uma oração principal e duas subordinadas.

8. Tenha muito cuidado como gerúndio, principalmente no início dos períodos. Em caso de dúvida, é preferível usar outra forma verbal.

9. A ordem das frases deve corresponder à ordem das ideias. É desaconselhável expressar uma ideia fundamental numa oração subordinada.

10. Separe núcleos de ideias em parágrafos diferentes, observando a conexão entre eles. Não pule linha para separar os parágrafos.

Tipos de Texto

Dificilmente um texto apresenta somente descrições ou narrações, ou dissertações puras, embora haja uma estrutura dominante, um esquema fundamental.

Para redigir bem é necessário o conhecimento das diferentes formas de composição do texto, a fim de aplicá-las adequadamente, segundo as exigências de clareza e correção do que se vai comunicar.

Só se descreve o que pode ser percebido sensorialmente; só se narra o que é factual, o que tem história, o que acontece no tempo; só se disserta com juízos, raciocínios e ideias. Quem disserta não conta fatos (função do texto narrativo), também não retrata seres, como nas descrições: cita os fatos para interpretá-los e relacioná-los, usa os seres nas articulações do raciocínio. Portanto, de acordo com os objetivos de uma redação, haverá preponderância de um tipo específico de tratamento do assunto, que pode ser a descrição, a narração ou a dissertação.

Apesar dessa preponderância, na redação literária ou técnica, emprega-se, geralmente, o conjunto dessas formas de redação, mas para efeito didático aqui serão analisadas separadamente.

Descrição

1. Conceituação

Descrição é a representação verbal de um objeto sensível. Compara-se à fotografia, mas admite interpretação, salvo se se trata de descrição técnica.

2. Espécies

Há quatro espécies principais de descrição:

a) de ser animado ou inanimado (pessoa, animal, objeto);

b) de interior (ou ambiente);

c) de paisagem;

d) de cena.

Costuma-se chamar *retrato* a descrição de pessoas, pois corresponde, realmente, a uma fotografia feita por meio de palavras, destacando-se traços capazes de transmitir uma impressão de conjunto. Uma boa descrição de pessoa é a que procura selecionar os aspectos particularizantes mais significativos, sem acumular detalhes supérfluos.

Na descrição de interior, visualiza-se um ambiente: a sala de estar, a biblioteca, com seus aspectos peculiares, móveis e adornos pertinentes.

Para descrever uma paisagem, o observador abrange, de uma só vez, totalidade do panorama; depois, aos poucos, vai enumerando as partes do todo, de preferência, pela ordem de proximidade.

A descrição de cena é movimentada, dinâmica, ao contrário das demais, que são de natureza estática. Para se descrever uma cena, admitem-se fases, isto é, um desenvolvimento progressivo no tempo. Não se deve confundir com a narração, que é uma *sequência de fatos*. A descrição apresenta *aspectos sucessivos do mesmo fato*.

Alguns autores consideram a descrição uma "expansão" da narração, pois para narrar um fato é necessário descrever pessoas, situá-las em ambientes etc.

3. Estrutura

A descrição admite as seguintes partes:

a) Apresentação

Na apresentação do objeto da descrição, que corresponde à introdução, usa-se, muitas vezes, um período típico de narração, como, por exemplo: "O novidadeiro empurrou a porta e penetrou em uma pequena sala..."

b) Pormenorização

Considera-se pormenorização a parte central de uma descrição. É a enumeração de detalhes característicos, que deve facilitar a "visualização" do que está sendo descrito, sem a acumulação desordenada de elementos que não concorrem para este fim.

c) Dinamização

A dinamização ocorre nas descrições de cenas e caracteriza-se pela sucessão de fases ou aspectos relativos ao mesmo fato.

d) Impressão

É característica da descrição psicológica, que envolve a interpretação do autor. São sensações visuais, auditivas, táteis, gustativas, olfativas; traços emocionais ou reflexões externadas pelo escritor.

4. Características

A descrição pode ser literária ou técnica, segundo sua finalidade. De maneira geral, a descrição literária é mais subjetiva, enquanto a técnica não prescinde da objetividade. Nada impede, contudo, que uma descrição técnica apresente qualidades literárias, como ocorre no seguinte texto:

Não há vida sem células. E, a exemplo da própria vida, que tantas diversidades apresenta, variam as formas e funções das células que constituem os seres. Algumas células vivem isoladas, como seres livres e independentes; outras pertencem a comunidades displicentemente organizadas, movendo-se de um lugar para o outro, ao passo que outras, ainda, vivem imobilizadas, como partes de um tecido de um organismo maior. Seja qual for sua forma ou comportamento, a célula é a unidade básica de toda matéria viva. A natureza colocou no seu interior, em embalagem microscópica, todos os elementos e processos necessários à sobrevivência, num mundo constantemente em evolução." (Pfeifer apud Vanoye, 1979, p. 62)

Como se pode observar, uma escrição técnica, científica, admite, conforme os pendores literários do autor, vocabulário escolhido e até figuras de linguagem, como a comparação (células-seres).

Descreve-se uma flor, por exemplo, literária ou tecnicamente: no primeiro caso, salientam-se as características mais subjetivas, tais como beleza, perfume, cor, sua significação, a impressão que causa. No segundo caso, enumeram-se as particularidades botânicas: espécie, família, nome científico, partes da flor, tipo de corola, pistilos etc.

A descrição técnica aplica-se a objetos, aparelhos ou mecanismos. Os manuais de instruções para uso de veículos ou montagem de aparelhos são os exemplos mais comuns de descrição técnica. Pode-se também descrever tecnicamente objetos usuais, tais como garrafa térmica, panela de pressão, gaiola de passarinho, relógios etc. À página 382 de seu *Comunicação em prosa moderna*, Othon M. Garcia apresenta um plano-padrão de descrição de objeto ou processo.

Na descrição observa-se grande ocorrência de nomes (substantivos e adjetivos) e verbos de ligação ou de estado, que caracterizam a ausência de movimento, excluindo-se, logicamente, os casos de descrição dinâmica.

DESCRIÇÃO – paisagem:

> Via, como em pintura colorida de folhinha: a palhoça de lascas de coqueiro rejuntadas de barro cinza, quase branco, o telhado lavado de chuva e amarelinho da trança de buriti – tudo lustroso do sol a meia altura; o curralzinho em frente, as duas mangueironas carregadas de fruta, o carro-de-boi de cabeçalho escorado no chão – penso, vazio e só. No fundo, próxima, a serra vestida de mataria verde-preta; o céu plaino, inteiriço, azul, sem uma painazinha de nuvem; de vermelho, só o pano pendurado no arame do quintal – saia de mulher, baeta de criança, ou lenço grande, desses de velha usar. (Palmério, 1971, p. 96)

DESCRIÇÃO – interior:

> A mobília da sala consistia em sofá, seis cadeiras, dois consolos de jacarandá, que já não conservavam o menor vestígio de verniz. O papel da parede de branco passara a amarelo e percebia-se que em alguns pontos já havia sofrido hábeis remendos.
>
> O gabinete oferecia a mesma aparência. O papel que fora primitivamente azul tomara a cor de folha seca.
>
> Havia no aposento uma cômoda de cedro que também servia de toucador, um armário de vinhático, uma mesa de escrever, e finalmente a marquesa, de ferro, como o lavatório, e vestida de mosquiteiro verde.
>
> Tudo isto, se tinha o mesmo ar de velhice dos móveis da sala, era como aqueles cuidadosamente limpo e espanejado, respi-

rando o mais escrupuloso asseio. Não se via uma teia de aranha na parede, nem sinal de poeira nos trastes. O soalho mostrava aqui e ali fendas na madeira; mas uma nódoa sequer não manchava as tábuas areadas." (Alencar, 1991, p. 26)

DESCRIÇÃO – animal:

Era um cavalo grande, branco, com uma crina brilhante de vento e luz, caída sobre o pescoço firme. As patas pisavam duras e elegantes, os cascos negros. O peito de músculos avançava com a certeza de um deus. Os olhos grandes, brilhantes, belos, revelavam a raça do cavalo. (...) Mexendo a cabeça bruscamente, num belo movimento, ergue-se (de que país seria?), e relinchou com toda a sua força. (Dourado, 1972, p. 72)

DESCRIÇÃO – retrato:

Era alto, magro, vestido todo de preto, com o pescoço entalado num colarinho direito. O rosto aguçado no queixo ia-se alargando até a calva, vasta e polida, um pouco amolgada no alto; tingia os cabelos, que duma orelha à outra lhe faziam colar por trás da nuca – e aquele preto lustroso dava, pelo contraste, mais brilho à calva; mas não tingia o bigode: tinha-o grisalho, farto, caído nos cantos da boca. Era muito pálido; nunca tirava as lunetas escuras. Tinha uma covinha no queixo, e as orelhas grandes muito despegadas do crânio. (Queiroz, 1966, v. 1, p. 887)

DESCRIÇÃO – cena:

Começa a queima. O fogo erguera-se e lambia num anseio satânico os troncos das árvores. Estas estremeciam num delicioso espasmo de dor. Toda a ramagem de base foi ardendo, e as parasitas, como rastilho de pólvora, levavam as chamas à copa, e a fumaça, aumentando, entupia as veredas e arremessava para a frente o bafo quente do fogo, que lhe seguia no encalço. Muitas árvores estavam contaminadas, ardiam como tochas monstruosas, e, estendendo os braços umas às outras, espalhavam por toda a parte a voragem do incêndio. O vento penetrava pelos claros abertos e esfuziava, atiçando as chamas. Pesados galhos de árvores caíam, tronco verdes que estalavam, resinas que se derretiam estrepitosas, faziam a música desesperada de uma imensa e aterradora fuzilaria. Os homens olhavam-se atônitos diante do clamor geral das vítimas. Línguas de fogo viperinas procuravam atingi-los. Recuavam, fugindo à perseguição das colunas, que marchavam. Pelos cimos da mata se escapavam aves espantadas, remontando às alturas num voo desesperado, pairando sobre o fumo. Uma araponga feria o ar com um grito metálico e cruciante. Os ninhos dependurados arderam, e um piar choroso entrou no coro como nota suave e triste. Pelas abertas do mato corriam os animais destocados pelo furor das chamas. Alguns libertavam-se do perigo, outros caíam inertes na fornalha. (Graça Aranha, apud Queiroz, 1979, p. 149)

Características da Narração

1. Conceituação

Narração é o relato de fatos ordenados em sequência lógica, com inclusão de personagens.

São elementos fundamentais da narração: o fato, o episódio ou incidente (o quê?); a personagem ou personagens envolvidos nele (quem?).

Ocorre, contudo, a presença facultativa de outras circunstâncias, segundo o seguinte esquema:

Como?   modo como se desenvolvem os fatos
Onde?   local ou locais da ocorrência
Quando?   tempo, época ou momento em que se passa o fato
Por quê?   causa ou motivo do acontecimento
Por isso   consequência ou resultado.

Nem sempre é necessária a presença de todos os elementos acima para que a narração seja completa. Exemplo:

"Poema tirado de uma notícia de jornal

João Gostoso era carregador de feira livre e morava no morro
da Babilônia num barracão sem número.
Uma noite, ele chegou no bar Vinte de Novembro
Bebeu
Cantou
Dançou
Depois se atirou na Lagoa Rodrigues de Freitas e morreu afogado."

(Bandeira, 1974, p. 214)

Quem?   João Gostoso
Quando?   Uma noite
O quê?   Chegou no bar
    Bebeu
    Cantou
    Dançou
    Depois se atirou na Lagoa
Por isso –   morreu afogado.

2. Espécies

Há várias espécies de narração:

a) história do gênero humano;
b) biografias ou autobiografias;
c) contos, novelas, romances, anedotas;
d) entrevistas e reportagens.

A história ou histórias do gênero humano são, por excelência, modelos de narração, pois nada mais são que relatos, verídicos ou imaginários, de fatos, episódios, que nos são transmitidos através das gerações.

As biografias são relatos da vida de personagens ilustres. A autobiografia, relato da vida do próprio autor, tem o nome de *memórias* quando dá ênfase aos costumes e circunstâncias de determinada época; chama-se *perfil* quando se limita aos traços característicos da pessoa em questão, geralmente relatados de maneira irônica ou divertida.

Contos, novelas, romances são histórias que, de maneira geral, resultam da imaginação de seus autores.

As entrevistas são constituídas, basicamente, de episódios, de depoimentos da pessoa entrevistada. As reportagens, sejam policiais, de eventos culturais, de viagens ou acontecimentos inusitados, baseiam-se nos fatos, que são a matéria da narração.

3. Estrutura

Uma narração contém as seguintes partes:

Exposição. É a apresentação do assunto ou tema.

Complicação. São as peripécias ou o desenrolar dos acontecimentos; a ação das personagens ou conflito entre personagens e situações.

Clímax. É o auge do conflito, o ponto culminante da história ou o suspense da narrativa.

Desfecho. É a resolução do conflito, apreciação, comentário ou generalização.

As partes da narração acham-se nitidamente delimitadas no seguinte poema de Manuel Bandeira:

PARDALZINHO

O pardalzinho nasceu
Livre. Quebraram-lhe a asa ——————— Apresentação
Sacha lhe deu uma casa,
Água, comida e carinhos, ——————— Complicação
Foram cuidados em vão;
A casa era uma prisão,
O pardalzinho morreu. ——————— Clímax
O corpo Sacha enterrou
No jardim; a alma, essa voou
Para o céu dos passarinhos! ——————— Desfecho
(Bandeira, 1974, p. 265)

4. Características

A narração não é exclusividade dos contos, romances e outras formas de expressão em prosa. Ela aparece também em versos, nos poemas, letras da nossa música popular, como na *Valsinha* de Chico Buarque e Vinicius de Moraes:

"Um dia, ele chegou tão diferente do seu jeito de sempre chegar...

Olhou-a de um jeito muito mais quente do que sempre costumava olhar...

E não maldisse a vida tanto quanto era seu jeito de sempre falar

E nem deixou-a só num canto, para seu grande espanto, convidou-a para
rodar

Então, ela se fez bonita, como há muito tempo não queria ousar...

O seu vestido decotado, cheirando a guardado de tanto esperar...

Depois os dois deram-se os braços, como há muito tempo não se usava dar

E cheios de ternura e graça, foram para a praça e começaram a se abraçar.

E aí dançaram tanta dança

Que a vizinhança toda despertou

E foi tanta felicidade

Que toda a cidade se iluminou

E foram tantos beijos loucos, tantos gritos roucos

Como não se ouvia mais...

E o mundo compreendeu

E o dia amanheceu

Em paz."

É fácil identificar, neste texto, as fases da narrativa (exposição, clímax e desfecho), bem como a marcação do tempo, feita através das expressões adverbiais: *um dia*, *então* e *depois*.

A narração é caracterizada pelo emprego dos *verbos de ação* que traduzem a movimentação das personagens no espaço e no tempo, bem como a sucessão dos fatos em função do enredo.

DESCRIÇÕES DENTRO DA NARRAÇÃO

> A Clarinda era uma mulatinha quase branca, cabelo bom, perfil fino e corpo vibrante. (...) Teria seus quatorze ou quinze anos, era um pouco dentuça, ria à toa, gostava de entremear as tranças com cravinas e folhas de manjericão – mas logo a Inhá Luísa lhe esgadanhava os cabelos para acabar com aquelas faceirices. Te ensino, sem-vergonha! Te raspo a cabeça piolhenta... Ela e as outras recortam-se na minha memória como sombras graciosas, como o friso de uma jarra antiga, como silhuetas mitológicas descendo a encosta do cabo Sounion, ao pôr do sol, contra céu impassível e mar terrível. Ânfora que ficou da infância, cheia de suas formas e do forte cheiro daquelas adolescências brunidas pelo suor do trabalho doméstico. Ancilas... O tal complexo ancilar. Ancilas – servas! do sinhô, dos sinhozinhos e faça-se nelas segundo a sua vontade. Vontade deles, já se vê... A Catita, essa, era menina. Iria pelos seus sete anos e regulava com meu irmão José. Não se chamava Catita, não. Respondia pela graça de Evangelina Berta e logo minha avó pulou. O quê? Berta? Como minha filha? Absolutamente! Isso não é nome de negra. Nome de negra é Balbina, Clemência, Eufrosina, Porcina, Oportuna, Zerbina ou Catita. Vai ser Catita. A Catita foi posta pela mãe, dormindo, num trilho da Piau. Fica quieta, bem. Quietinha, fecha o olho, dorme, que já volto. Mas o diabinho acordou, levantou, saiu e ainda foi jogado contra o barranco pelo vento da locomotiva que passava bufando. Vieram entregá-la em nossa casa. (Nava, 1974, p. 5)

Técnicas de Dissertação

1. Conceituação

Dissertação é uma forma de redação em que se apresentam considerações a respeito de um tema para expor, explanar, explicar ou interpretar ideias. O tema dissertativo implica, mais que outro qualquer, o exercício da razão, do raciocínio – operação mental que parte do conhecido para o desconhecido – da interferência dos dados da Lógica. Caracteriza-se pela reflexão, por vocabulário próprio, como verbos relacionais, nocionais, definitórios, proposições enunciativas e proposições judicativas.

A dissertação – vale repetir – exige maior preparo intelectual, comércio mais íntimo com os princípios da Lógica, maior trato com a argumentação, organismo lógico formado pelo antecedente (causa) e pelo consequente (parte causada).

2. Espécies

Embora poucos autores o façam, propõe-se distinguir a dissertação em expositiva e argumentativa.

a) *Expositiva*

Consiste na apresentação e discussão de uma ideia, de um assunto ou de uma doutrina, de forma ordenada. O processo é apenas demonstrativo, sem o objetivo de engajamento ou convencimento do destinatário. A linguagem é reflexiva, predominantemente denotativa, embora não necessariamente argumentativa.

b) *Argumentativa*

Caracteriza-se por implicar o debate, a discussão de uma ideia, assunto ou doutrina, com o objetivo de influenciar, persuadir, conquistar a adesão do destinatário. Trata-se, pois, de uma exposição acompanhada de argumentos, provas e técnicas de convencimento.

3. Estrutura

A dissertação estrutura-se em três partes e, a rigor, não há trabalho intelectual que fuja a tal urdidura.

a) Introdução (apresentação, prólogo)

Apresenta a ideia-base, objeto das considerações do autor para situar o leitor dentro do assunto a ser desenvolvido. É, pois, o ponto inicial, em que se propõe a pauta do trabalho. Na filosofia escolástica era o *status quaestionis*, a propositura do assunto, da questão.

b) Desenvolvimento (análise, explanação)

Parte em que se trata do assunto de forma completa com a apresentação dos fatos, ideias, argumentos exigidos. É a fase de reflexão, da fundamentação básica do trabalho. As provas aduzidas terão valor comprobatório ou confirmatório; nesse caso, apóia-se em testemunhos, exemplos, autoridades, estatísticas etc.

c) Conclusão (fecho)

É o ponto de chegada, o conjunto, a síntese que encerra o trabalho, com a reafirmação da ideia central. É a colocação final, que deve estar apoiada no que foi exposto anteriormente.

4. Características

Para dissertar, além de vocabulário adequado, linguagem simples, mas exata e objetiva, requisitos exigidos também nas outras formas de redação, deve-se ter o maior cuidado com a ordem e clareza na exposição das ideias.

Para se lograr o encadeamento lógico da argumentação, é mister elaborar um plano equilibrado, coeso, isento e incompatibilidades e discordâncias, além de evitar os erros contra a Lógica, como:

- *Ignorância do assunto* – abordagem do assunto sem conhecimento de causa; pode-se dizer o mesmo da fuga ao assunto ou de sua abordagem tangencial. Toca-se em pontos não pertinentes ao proposto. Quem associa o episódio dos gansos do Capitólio à história da Grécia revela desconhecimento do assunto.

- *Falsa analogia* – consiste no equívoco de semelhança; toma-se um objeto por outro em virtude de alguma semelhança acidental. O fato de Marte e a Terra serem planetas não nos pode levar à conclusão de que Marte é habitável.

- *Contradição* – é o estabelecimento de termos ou proposições incompatíveis; não pode haver algo verdadeiro e falso ao mesmo tempo. Entre claro e escuro, entre racional e irracional, não há meio termo; as ideias não se coadunam.

- *Falsa causa* – é a falta de coordenação entre causa e efeito, que provoca conclusões equivocadas. Afirmar que as desilusões provocam amadurecimento de espírito é incidir na falha de falsa causa; o mesmo ocorre ao se dizer que uma cachorra, por sentir dor, é um ser humano.

- *Generalização* – consiste na ampliação de um dado que não é absoluto; tira-se uma conclusão geral de uma premissa particular. Não se pode concluir que todos os juízes são venais por haver alguns venais.

- *Petição de princípio* – é o erro pelo qual se toma como provado justamente o que se deve provar; o raciocínio torna-se redundante e circular. Incorreu em petição de princípio quem disse que "a finalidade da apuração é apurar tudo aquilo que deve ser apurado".

- *Equívoco* – dá-se o equívoco ao se tomar uma mesma palavra em vários sentidos. Não posso afirmar que a constelação Cão ladra, porque o cão ladra.

Formas de Composição do Texto **113**

EXEMPLOS DE TEXTOS DISSERTATIVOS

a) *Dissertação expositiva*

"INDIGÊNCIA URBANA

Refletindo uma tendência comum à maioria dos grandes centros urbanos em todo o mundo, dados oficiais recentes revelam um substancial – e preocupante – crescimento no número de indigentes na cidade de São Paulo.

O Centro de Triagem e Encaminhamento do governo paulista (Cetren) aumentou em 30% o seu atendimento a mendigos neste ano. Já a Prefeitura detectou elevação na quantidade de indigentes que dormem na rua, em contraposição aos que procuram albergues – e são contados pelo Cetren. Assim, o total de mendigos na cidade deve ter crescido ainda mais que o apontado pelo órgão estadual.

Entre as causas dessa tendência perversa de marginalização social destaca-se, sem dúvida, a profunda recessão. É preciso notar, porém, que o fenômeno parece extrapolar tais especificidades conjunturais de uma ou outra metrópole. Ainda que em momentos econômicos diversos – e à revelia do seu grau de desenvolvimento –, outras grandes conurbações mundiais sofrem do mesmo problema.

A presença de mendigos hoje não se limita mais apenas a São Paulo, ao Cairo ou a Bombaim, mas estende-se também às ruas de Nova York, Paris, Berlim e Moscou. A indigência urbana exibe assim uma dinâmica própria, movida tanto pelas flutuações da economia quanto, e talvez até, pelas abissais desigualdades na distribuição de renda interna e internacional – que continuam a levar ondas de migrantes e imigrantes para centros notoriamente incapazes de absorvê-los.

Enquanto perdurarem tais desequilíbrios, essa situação não poderá ser revertida. E como eles parecem apenas se acirrar, a perspectiva mais realista, infelizmente, é de que a mendicância torne-se apenas cada vez mais corriqueira no panorama das grandes cidades." (*Folha de S. Paulo*, 23 jul. 1971).

Trata-se de mera exposição do problema; o jornal raciocina, busca as causas e tira uma conclusão sem outras preocupações.

O primeiro parágrafo abre a redação e coloca o problema: crescimento do número de indigentes.

Os parágrafos segundo, terceiro e quarto constituem a explanação.

No segundo apresentam-se os dados já enunciados na introdução e, agora, especificados (Cetren e Prefeitura).

No terceiro aparece uma das causas; a profunda recessão.

No quarto cita-se a causa principal, uma vez que a indigência ocorre também nos países desenvolvidos, onde não há, praticamente, recessão. Aponta-se então a causa comum aos países do primeiro mundo e dos outros mundos, a saber, a tremenda desigualdade na distribuição de renda.

O parágrafo final apresenta a conclusão: prevê-se, à vista do exposto, o crescimento mais intenso do problema.

b) *Dissertação argumentativa*

"PROPOSTA TÍMIDA

A Federação das Indústrias do Estado de São Paulo vem de ingressar no debate acerca da reforma tributária, propondo – nas mesmas linhas de sugestão feita pelo tributarista Ives Gandra da Silva Martins há cerca de um ano – uma estrutura fiscal de apenas cinco impostos: sobre renda, patrimônio imobiliário, circulação de mercadorias, propriedade imobiliária urbana e sobre terra.

Essa sugestão, sem dúvida, caminha no sentido correto do enxugamento da colcha de retalhos em que se transformou o sistema fiscal no Brasil. Porém, ao reduzir de cerca de 15 para cinco o número de impostos no país – vale lembrar que a relação de mais de 50 tributos inclui taxas, contribuições e outros impostos que pouco representam do ponto de vista substantivo –, a proposta da Fiesp mostra-se ainda excessivamente tímida diante dos enormes desvios que cabe corrigir.

Com efeito, ao conservar os impostos de renda e sobre circulação, preserva-se a maior parte da estrutura atual. A manutenção desses dois gravames exigirá dos contribuintes praticamente a mesma máquina burocrática de escrituração tributária. Terá que permanecer, ademais, todo o aparato de fiscalização do governo, e sobreviverão, com o mesmo ímpeto, os incentivos à sonegação.

Portanto, a proposta não constitui, a rigor, uma inovação, mas apenas um corte no número de impostos; mantém a mesma filosofia tributária e os mesmos métodos de apuração que existem hoje.

É preciso, nesse sentido, uma proposta mais abrangente e ousada, capaz não apenas de reduzir custos e aumentar a eficiência da arrecadação, mas, principalmente, de maximizar o universo de contribuintes e, assim, minimizar as alíquotas. Os cinco impostos da sugestão da Fiesp, contudo, permitem a sobrevivência de quase todos os custos, desvios e distorções atuais – exatamente aquilo que se pretende superar com a discussão de novos rumos para a sistemática tributária brasileira." (*Folha de S. Paulo*, 25 jul. 1991)

O texto em análise é típico da dissertação argumentativa; o jornal está se opondo a pontos de reforma tributária e sugere alterações. Ora, tal proposta implica aceitação por parte das indústrias de São Paulo e de outros interessados.

O assunto está delineado no primeiro parágrafo. A palavra *porém*, no segundo parágrafo, inicia a discordância do jornal.

O argumento desenvolve-se nos parágrafos subsequentes (terceiro, quarto e mesmo em parte do quinto). A conclusão transparece no início do quinto parágrafo, de "é preciso" até "alíquotas".

Aplicação das Diferentes Formas de Composição do Texto

EDITORIAL

1. Conceito

O editorial veicula a opinião do jornal ou, mais especificamente, da direção do órgão jornalístico. Consiste em um comentário sobre o mais importante fato noticiado, seja anteriormente, seja na mesma edição ou até mesmo em outro jornal ou meio de comunicação.

2. Características

Tem caráter opinativo e, assim, aproxima-se da dissertação, pela argumentação; distingue-se da notícia, que veicula informação. Por representar a opinião da direção do jornal, geralmente não traz assinatura e deve adotar um tom, quanto possível, impessoal.

3. Estruturação

O editorial, por ter caráter dissertativo, estrutura-se nas três partes fundamentais: introdução, explanação e conclusão. A introdução não deve ser longa –atualmente, não se admite o *nariz de cera*. Deve ser breve, clara, instigante, para chamar a atenção do leitor. A explanação deve ser concatenada, lógica, organizada, levando à conclusão ou fecho do texto. Exemplos:

"O CRIME E O JORNALISTA

A comissão encarregada pelo ministério da Justiça de reformar o Código Penal quer definir como crime a publicação, em qualquer meio de comunicação, de material com o fim de exercer influência sobre testemunhas ou constranger autoridade judicial, ante de decisão definitiva em processo judicial.

Assim, aumentaria desmesuradamente a ameaça de pena para jornalistas e articulistas que relatassem ou investigassem crimes, ações da polícia, de promotores e de juízes. Qualquer informação publicada pela mídia a respeito de uma enorme esfera da vida pública, de grande interesse social, ficaria sujeita à inquisição judicial. Além de autoritária, pelo fato mesmo de praticamente estipular o que pode ou não ser dito, a redação do artigo emprega critérios, se é que se pode usar o termo, vagos e abstratos, sujeitos à interpretação arbitrária, para definir o tal delito.

Ao procurar defender juízes desse inefável constrangimento, a comissão que revisa o Código Penal na verdade vai constranger a liberdade e a autonomia da esfera pública. Vai limitar a liberdade de informar, de opinar e de obter informações.

É evidente que a imprensa erra; que comete abusos implicando inocentes em crimes, por exemplo. A lei de imprensa já estabelece punições para esses casos, e também para aqueles em que ocorra injúria e difamação.

Mas quem definirá o constrangimento a não ser o constrangido? Criticar decisões de juízes antes do último recurso cabível poderia ser tomado como constrangimento? Um levantamento de opiniões sobre uma sentença teria o fim de constranger um juiz? E o que dizer das informações que alterariam o curso de um processo contra um presidente da República? Os responsáveis pela redação desse possível novo artigo do Código Penal parecem crer que o correto juízo sobre os fatos depende apenas de carimbos e assinaturas de um trâmite legal. As demais esferas da sociedade merecem apenas tutela, sem direito de opinião." (*Folha de S. Paulo*, 20 mar. 1998, Caderno 1, p. 2)

SUGESTÕES DE ATIVIDADES

Este exemplo poderá ser aproveitado para exercícios de estrutura da dissertação e para debates.

"NÃO VER, NÃO OUVIR, NÃO LER

A liberdade de informar e o direito de ter livre acesso a ideias vêm sendo frequentemente colocados em xeque pelo legislador brasileiro. Projetos de lei apresentados ou esboçados nos últimos meses sugerem uma difusão do conceito de que cercear a livre expressão é um meio adequado de resolver problemas da já tão precária esfera pública no país.

Tais projetos e estudos têm procurado conceder ao Estado a autoridade para decidir o que o cidadão pode ver, ler ou ouvir, em legislações que dizem respeito a temas tão diversos como a programação da TV, eleições, Código Penal, vítimas e testemunhas de crimes e lei de imprensa. Essa vocação autoritária não se manifesta apenas por intermédio da pena de advogados e parlamentares, mas é também uma tentação da própria sociedade. Muitas vezes é uma parte significativa da população que parece consentir em entregar superpoderes ao Estado.

Mas é majoritariamente pelos meios de comunicação que a sociedade toma conhecimento de seus problemas e do debate acerca das soluções – com todos os seus erros, distorções e mesmo manipulações. Mas admitir que haja tutela, que o Estado seja o senhor da razão no que diz respeito a tais falhas ou que tenha a capacidade de evitá-las é se eximir de responsabilidades que a democracia exige: ser consciente das questões da vida pública – o que a censura prejudica – e saber lidar com conflitos por meio do diálogo.

É decerto imprescindível que um Estado democrático ofereça meios de defesa contra abusos. O cidadão tem o direito de reparação em casos de injúria, calúnia ou difamação, e também o de ver punidos os responsáveis por tais crimes. Mas não é o policiamento prévio de ideias e de informações que vai garantir essa justiça, com o agravante de restringir ou castrar uma série ampla de direitos, fundamentais para o exercício da cidadania – entre eles, o de saber. Lamentavelmente, não parece ser essa a convicção de alguns legisladores." (Folha de S. Paulo, 28 mar. 1998, Caderno 1, p. 2.)

VOCABULÁRIO

acerca – Cf. IX – Notações... p. 187.

acesso – *possibilidade e meios de se chegar a um lugar, ou a uma situação, ou a uma pessoa; entrada, chegada*. Por influência do vocabulário da Informática criou-se o neologismo *acessar*, cujo emprego vem se generalizando, indevidamente. Ex.: *acessar* um livro na biblioteca ou na prateleira é absolutamente inadequado; diga-se *retirar* um livro ou *alcançar* um livro na prateleira.

Acessar um dado, um programa ou um arquivo constitui emprego correto, no âmbito da Informática.

castrar – *cortar ou destruir os órgãos reprodutores*. Por extensão semântica:

impedir a eficiência, anular, reprimir ou restringir algo.

cercear – no sentido primitivo *arredondar, formar em círculos*. Atualmente, apresenta os significados: cortar rente, pela base ou pela raiz; restringir, diminuir, suprimir ou destruir.

imprescindível – no Dicionário Aurélio, *o que não é prescindível. Prescindir*, etimologicamente liga-se ao verbo *cindir* (*separar, rasgar*) e apresenta os seguintes significados: *separar mentalmente, não fazer caso, não levar em conta; pôr de lado, renunciar, abrir mão, dispensar*.

majoritária – *relativo ou pertencente à maioria; que representa a maioria.*

tutela – autoridade que uma pessoa ou instituição tem *para vigiar, cuidar, representar algo ou alguém por defesa, amparo ou proteção.*

SUGESTÕES DE ATIVIDADES

1. Determine a ideia principal do texto.
2. Diga em quantas partes se divide o texto e delimite-as.
3. Segundo o texto, os projetos de leis que têm procurado atribuir ao Estado o direito de decidir o que o cidadão dever ver, ler e ouvir dizem respeito a que temas?
4. De que forma a sociedade deve tomar conhecimento de seus problemas e debater as soluções?
5. Em que parágrafo se delimita a participação do Estado na censura?
6. Por que a censura prévia de notícias e ideias não é desejável?
7. Que tipo de dissertação é esta?

CRÔNICA

1. Definição

a) *Definição nominal ou etimológica*

Etimologicamente, o termo *crônica* liga-se ao grego *crónos* que significa *tempo.*

b) *Definição real*

b. 1. Em sentido tradicional, crônica é o relato de fatos dispostos em ordem cronológica, isto é, na ordem de sua sucessão, de seu desenvolvimento. Nessa acepção, crônica é um gênero literário histórico que se desenvolveu na Europa, durante a época medieval e renascentista.

Os cronistas preocupavam-se com o simples relatar dos fatos, não lhes investigando as causas e os efeitos. A partir de Fernão Lopes é que a crônica vai tomando feição científica.

b.2. Atualmente, a crônica possui figurino novo; é um tipo de relato que, por volta do século XIX, se desenvolve no Brasil, por influência do romantismo francês, com o desenvolvimento da imprensa. Crônica seria, então, "considerações do cronista a respeito de fatos correntes e marcantes do dia a dia".

Daí dizer-se que a crônica oscila entre a literatura e o jornalismo e, ao cronista, deve caber-lhe o olho clínico do bom repórter.

A verdade é que a crônica foge a qualquer tipo de catalogação.

2. Características

Os fatos do quotidiano, os acontecimentos diários é que ensejam reflexões ao cronista. O nível da referencialidade liga-se ao tempo circundante.

A matéria é leve e de extensão limitada; o tom é *flou* ou *soft*; a exploração do parcial constitui-lhe a tônica.

Machado de Assis teria dito que a crônica é a "união do útil com o fútil". Segundo Carlos Drummond de Andrade, a crônica faz-se de notícias e não notícias.

Em torno desses fatos, o cronista emite uma visão subjetiva, pessoal e mesmo crítica.

Uso de linguagem coloquial, às vezes sentimental, ou emotiva ou, às vezes, irônica, sarcástica, crítica.

3. Espécies

Fala-se em três formas de crônica: crônica-comentário, crônica lírica e crônica narrativa; as particularidades dos três tipos aparecem no seguinte quadro:

CRÔNICA-COMENTÁRIO	CRÔNICA LÍRICA	CRÔNICA NARRATIVA
Elaboração em 1ª pessoa.	Elaboração em 1ª pessoa.	Elaboração em 1ª ou 3ª pessoa.
Ausência de forma fixa de composição.	Ausência de forma fixa de composição.	Forma de composição predominante (narração – exposição e diálogo).
Linguagem direta, simples, despojada.	Linguagem sentimental e coloquial.	Linguagem humorística, irônica.
Presença de um eixo: fatos geradores da história, geradores de reflexão.	Ausência de um eixo centralizador.	Presença de um eixo: fatos geradores da história.
	Visão sentimental da realidade interna ou externa.	Predomínio de uma história leve, divertida, de ritmo rápido.
		Final inesperado.

"O PESSOAL

Chega o velho carteiro e me deixa uma carta. Quando se vai afastando eu o chamo: a carta não é para mim. Aqui não mora ninguém com este nome, explico-lhe. Ele guarda o envelope e coça a cabeça um instante, pensativo:

– O senhor pode me dizer uma coisa? Por que é que agora há tanta carta com endereço errado? Antigamente isso acontecia uma vez ou outra. Agora, não sei o que houve...

E abana a cabeça, em um gesto de censura para a humanidade que não se encontra mais, que envia mensagens inúteis para endereços errados. Sugiro-lhe que a cidade cresce muito depressa, que há edifícios onde havia casinhas, as pessoas se mudam mais que antigamente. Ele passa o lenço pela testa suada:

– É, isso é verdade... Mas reparando bem o senhor vê que o pessoal anda muito desorientado...

E se foi com seu maço de cartas, abanando a cabeça. Fiquei na janela, olhando a rua à toa numa tristeza indefinível. Um amigo me telefona, pergunta como vão as coisas. E não consigo resistir:

– Vão bem, mas o pessoal anda muito desorientado. (O que, aliás, é verdade)." (Braga, 1987, p. 40)

SUGESTÕES DE ATIVIDADES

1. Delimite as partes do texto.
2. Em que tipo de crônica você coloca o texto?
3. Justifique sua resposta.
4. Por que o autor usa várias vezes o gerúndio?
5. Cite exemplos de linguagem coloquial.
6. Justifique o emprego de *Por que* e *à toa*.
7. "Chega o velho carteiro e me deixa uma carta."

   É correta a colocação do pronome: "e deixa-me uma carta" Por quê?

NOTÍCIA

1. Conceito

Relato conciso e objetivo de um fato atual ou relevante, que desperta o interesse da comunidade a que se destina.

2. Características

a) *Clareza* – como toda forma de redação, jornalística ou não, a notícia deve ser clara para ser inteligível.

b) *Objetividade* – relatar o fato como ele é, não como se gostaria que fosse; opõe-se à subjetividade e supõe imparcialidade.

c) *Veracidade* – a notícia deve corresponder à verdade dos fatos; a veracidade é decorrência da objetividade e indispensável à credibilidade do órgão informativo.

d) *Atualidade* – a notícia deve conter um fato novo, atual ou que conserve o interesse atual.

e) *Narração* em 3ª pessoa.

3. Estruturação

   Geralmente, a estrutura da notícia apresenta:

   a) cabeça ou *lead* (lide): resumo, apanhado geral;
   b) corpo – conjunto de parágrafos subsequentes que especificam o assunto. Contém a visão geral do assunto, exposta no primeiro parágrafo.

   Há, contudo, outras maneiras de apresentação da notícia:

   a) pirâmide invertida:

   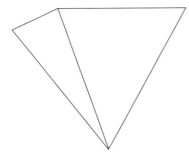

   lead ou fatos mais importantes
   (abertura da notícia
   apresentação do fato principal
   resumo de toda a notícia)

   pormenores interessantes
   (ordem decrescente)
   pormenores dispensáveis

   b) pirâmide normal:

   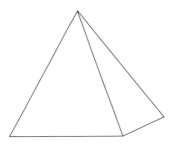

   introdução da notícia; poucos pormenores

   apresentação dos fatos
   (ordem crescente de importância)

   clímax ou conclusão

   c) sistema misto:

   entrada da notícia com o clímax
   relato dos fatos
   ordem cronológica

Para ressaltar um elemento da notícia, colocar no *lead*: *por quê?* (ressalta a causa); *quando?* (ressalta o tempo); *onde?* (ressalta o local) e assim por diante.

O verbo na voz ativa (sujeito ativo) valoriza o vencedor; verbo na voz passiva (sujeito passivo) valoriza o vencido.

Formas de apresentação da notícia

1. Apresentar um fato principal no primeiro parágrafo.
2. Apresentar vários fatos importantes.
3. Apresentar elementos que causem "suspense".
4. Resumir todos os fatos em um só parágrafo inicial.
5. Apresentar antecedentes do fato.
6. Apresentar situações de contraste (com relação ao fato).
7. Transcrever um pronunciamento.
8. Citar um ditado ou provérbio.

Exemplo:

"LIVRE COMÉRCIO

Norte-Americanos introduzem em texto recomendação de abertura total e provocam reclamações

INFORMÁTICA GERA BATALHA EUA-BRASIL

Clóvis Rossi – Enviado especial a San José (Costa Rica)

O empresariado norte-americano introduziu semiclandestinamente, no documento final do 4º Foro Empresarial das Américas, uma recomendação para que os governos da região abram todo o mercado de informática.

Foi necessária uma desesperada intervenção da delegação brasileira para conseguir da presidência do foro a edição de uma errata, avisando que os parágrafos relativos à abertura da informática não haviam obtido consenso.

A manobra norte-americana evidencia como a tecnologia da informação, a rubrica que cobre todos os produtos de informática, ganhou fundamental importância econômica e estratégica.

No mundo todo, produtos de tecnologia de informação movimentam US$ 600 bilhões. Só no Brasil, o setor fatura cerca de US$ 10 bilhões/ano e emprega 100 mil pessoas diretamente.

Por isso, a batalha da informática nas negociações empresariais da Alca (Área de Livre Comércio das Américas) acabou dando margem a truques variados.

Tudo começou em um foro empresarial restrito à área de serviços, realizado no Chile.

Nele, os empresários norte-americanos conseguiram introduzir, no documento final, a seguinte recomendação. É essencial e altamente prioritário que os governos que ainda não tenham subscrito implementem imediatamente sua adesão ao ITA.

Acordo

O ITA é a sigla, em inglês, de Acordo de Tecnologia da Informação, assinado por 39 países e que afeta cinco grandes áreas: computadores (grandes ou pequenos); produtos para telecomunicações (de simples aparelhos telefônicos até fibras óticas); semicondutores (os *chips* de memória dos computadores); equipamentos para produzir semicondutores; *softwares* em geral (disquetes e CD ROMs, por exemplo); e instrumentos científicos.

O acordo prevê a redução paulatina das tarifas de importação desses produtos todos até zerá-las no ano 2000. O Brasil não assinou e protege a indústria instalada no país com tarifa média de 20%.

A indústria brasileira de informática considera o documento de Santiago pouco representativo, como diz Henrique Rzezinski, presidente da Aprimesc (Associação Brasileira de Informática e Equipamentos de Escritório) e diretor da Xerox no Brasil.

Afinal, foi decidido em um foro restrito, que não tem a ampla participação do Foro Empresarial.

Mas a trucagem não ficou nisso. Em San José, durante a discussão do texto de Santiago, no subgrupo do Foro que trata de informática, brasileiros e mexicanos se opuseram à proposta de recomendar a adesão imediata ao ITA.

Rzezinski deixou a reunião certo de que a proposta seria eliminada, já que as regras na Alca impõem consenso. Na manhã seguinte, lá estavam os parágrafos, o que provocou as reclamações e a errata.

Se o Brasil aderir agora ao ITA, as matrizes vão passar a exportar seus equipamentos, em vez de instalar indústrias no país, explicou o presidente da Aprimesc." (ROSSI, Clóvis, *Folha de S. Paulo*, 19 mar. 1998, Caderno 2, p. 12)

SUGESTÕES DE ATIVIDADES

1. Qual o processo empregado na apresentação desta notícia?
2. Justifique a resposta anterior.
3. No texto há predomínio da forma descritiva ou narrativa?
4. O que significa "abrir o mercado da informática" e a quem interessa mais essa abertura?
5. Tal medida, se posta em prática, seria benéfica para o Brasil? Por quê?
6. Quais as áreas afetadas pelo ITA, acordo firmado por 39 países?
7. Por que o Brasil não assinou esse acordo?

Reportagem

1. Conceito

Relato, com detalhes, de um fato novo ou de interesse da comunidade a que se destina. O detalhamento diferencia a reportagem da notícia.

2. Características

a) *detalhamento*, em profundidade, do fato a ser comunicado;

b) *clareza* – como exigível em todo tipo de redação; disposição em blocos, para despertar o interesse do leitor e facilitar a leitura;

c) *veracidade* – requisito básico, associado à credibilidade do jornal;

d) *narração* em 3ª pessoa, como ocorre com a notícia.

Há pelo menos dois tipos de reportagem: reportagem de setor e grande reportagem.

a) *Reportagem de setor*

Caráter expositivo. Expõe o fato de modo simples, objetivo, pormenorizado. Ocorre com frequência em delegacias, hospitais, Câmaras etc.

Quanto à modalidade do texto, admite descrição e narração.

b) *Grande reportagem*

Caráter interpretativo e opinativo. Expõe o fato, apresenta causas/consequências. Trata de fatos menos frequentes, por isso exige pesquisas, entrevistas, coletas de dados, enfim, tratamento do assunto em profundidade.

Emprega a narração, geralmente na 3ª pessoa.

3. Estrutura

Por tratar de um assunto em profundidade, exige a elaboração de um *esboço prévio*:

1. Redação de um *lead*.
2. Anotação de pontos a serem destacados.
3. Cronologia dos fatos.
4. Consciência do clímax.
5. Transição adequada entre um acontecimento e outro.
6. Cuidado com assuntos polêmicos e com as partes "indigestas" dos fatos.

Exemplos:

"ACUSAÇÕES IRRITAM FHC E ENTREVISTA ACABA ANTES

Para parte dos 350 jovens do 'Programa Livre, ele estava sendo evasivo sobre os problemas citados.

Mariana Caetano

O presidente Fernando Henrique Cardoso pediu ontem que a entrevista concedida no '*Programa Livre*' fosse encerrada cerca de cinco minutos antes do horário esperado pela produção. Um compromisso – segundo o apresentador Serginho Groissman, responsável pelo programa – tirou o presidente do confronto estabelecido com parte dos 350 estudantes de 15 a 19 anos que o acusavam de estar fugindo da responsabilidade diante de problemas citados ao longo de quase uma hora de conversa. A solicitação foi feita fora do ar, por meio da assessoria do Palácio da Alvorada.

Fernando Henrique chamou Leonardo Antunes, aluno do segundo colegial do Colégio Equipe, de arrogante e sugeriu que ele 'abrisse a cabeça'. O garoto de 16 anos fez uma das últimas perguntas do programa, gerado de São Paulo e conectado a Brasília, onde estava o presidente, via satélite. Leonardo deixou Fernando Henrique irritado ao dizer que ele tentava eximir-se de 'culpa' na falta de professores na rede pública, no massacre de trabalhadores sem-terra em Eldorado do Carajás, entre outras coisas.

'Agora tenho alguma coisa pessoal contra o presidente', protestou Leonardo. 'Tentei não ser rude, mas senti que ele me ridicularizou.' Outros estudantes fizeram coro. 'Foi falta de educação com o garoto', disse Carlos Augusto Costa Santos, aluno do cursinho Anglo.

O presidente demonstrou contrariedade logo na terceira questão do debate, formulada por Lívia Pereira Teixeira, que se disse 'anarquista'. Ela pediu que Fernando Henrique explicasse porque havia nomeado no Exército um 'ex-torturador', referindo-se ao general Ricardo Fayad. Ele teve o registro de médico cassado por ter auxiliado torturadores durante o regime militar. O presidente lembrou que o caso do general ainda está em julgamento e completou: 'Essa onda toda é propaganda política de inimigos.' Desde aquele momento, a plateia dividida alternou aplausos e vaias. Em outras ocasiões, despertou risos, como ao dizer que o álcool seria uma 'droga leve'. Ele afirmou ser contrário à descriminação da maconha, à pena de morte e à liberação do aborto.

O palco do 'Programa Livre', produzido pelo SBT, parecia distribuído segundo o que os próprios estudantes chamaram de esquerda e direita. De um lado, alunos principalmente do Equipe, Escola Técnica Federal de São Paulo e colégio Oswald de Andrade, eram mais críticos e menos formais em suas manifestações e perguntas. Do outro lado, a 'direita' era composta pelo colégio Bandeirantes, o Anglo de Uberaba, o cursinho Anglo e o colégio Galicho, em maior número.

'Nunca tivemos uma experiência assim, o prazer de dialogar com tantas pessoas ao mesmo tempo', declarou Fernando Henrique na abertura do segundo bloco do programa. 'É desigual a luta', comentou, referindo-se à situação em que estava. O presidente tentou dialogar com os jovens de maneira coloquial, mas acabou dando algumas respostas longas e até citou o sociólogo Max Weber ao falar sobre a ética na política.

Por sua vez, os estudantes trataram o presidente de 'você' diversas vezes e, em outras ocasiões, fizeram perguntas ensaiadas e confusas. Uma jovem dirigiu a ele gestos obscenos. Para Cristiane Nogueira de Almeida, aluna do cursinho Anglo, a reação irritada de Fernando Henrique explicava-se pelo comportamento da plateia. 'O problema foi a educação das pessoas', disse. 'Isso não é jeito de tratar o presidente.'

Fernando Henrique Cardoso terminou sua participação no programa afirmando que 'gostaria de mostrar que os problemas são complicados' e é preciso acabar com a 'demagogia barata' para solucioná-los. No estúdio do SBT, exaltados, mas sem manifestar preferências eleitorais, muitos alunos disseram sentir-se 'enrolados' pelo presidente. 'Ele foi evasivo', reclamou Ester Rizzi, de 15 anos, estudante do Equipe. 'O presidente confunde bastante, dá respostas indiretas', completou Leonardo Mareja, de Uberaba.

'Eu gostei muito de ele (Fernando Henrique) ter topado participar do programa', afirmou o apresentador Serginho Groissman. 'No final, só não sei se ele gostou de ter topado.'" (CAETANO, Mariana. *O Estado de S. Paulo*, 21 mar. 1998, Caderno A, p. 8)

"FHC SE IRRITA NO *PROGRAMA LIVRE*'

Ao contrário da mulher, presidente condena maconha em programa para jovens na televisão

William França
da Sucursal de Brasília

O presidente Fernando Henrique Cardoso disse ontem que é contra a descriminação da maconha e que as drogas, junto com o desemprego, são os maiores problemas do mundo moderno.

'Qualquer tentativa de liberalização (da maconha) nesse momento vai é aumentar contágio da droga no Brasil', afirmou FHC à plateia do 'Programa Livre', do SBT. O presidente, via satélite, respondeu durante mais de uma hora a perguntas de aproximadamente 500 adolescentes.

Em fevereiro de 96, no mesmo 'Programa Livre', a mulher do presidente, Ruth Cardoso, havia defendido a descriminação da maconha – mas não a legalização do consumo.

Fernando Henrique Cardoso afirmou que vai manter no cargo o general Ricardo Fayad, subdiretor de Saúde do Exército.

Ele é acusado de ter participado de torturas durante o regime militar (1964-85). Segundo FHC, a pressão que vem sendo feita para que Fayad seja destituído do cargo 'é propaganda política do inimigo'.

Na maioria das vezes, FHC teve de traduzir o sentido das perguntas feitas e, em alguns casos, demonstrou irritação diante da desinformação dos adolescentes.

O presidente perdeu a calma ao responder a uma pergunta de um adolescente de 16 anos.

Leonardo Antunes, aluno do colégio paulistano Equipe, criticou o que considerou respostas evasivas de FHC no programa. Na sequência fez uma pergunta confusa sobre a 'injustiça' de algumas pessoas receberem R$ 15 mil de salário enquanto um lixeiro receberia menos de R$ 200,00.

FHC rebateu que não deixara perguntas sem respostas e partiu para o ataque.

'Você fez uma pergunta sem pé nem cabeça. Não quero tirar o corpo, o que é preciso é acabar com a gritaria', afirmou o presidente da República, com expressão séria.

A seguir, as principais respostas do presidente aos adolescentes do 'Programa Livre':

PRIVATIZAÇÃO DA USP – 'Não existe privatização nenhuma. Isso é conversa fiada. Universidade tem de ser pública. A USP é pública, tem de continuar sendo pública. As universidades federais também. Outra coisa é a existência de universidades privadas. Um país que precisa avançar mais, como o Brasil, precisa ter ensino público gratuito. Se faltam professores (na USP), o problema não tem nada a ver com isso (privatização). Professor que falta não merece respeito nem do aluno nem meu.'

EDUCAÇÃO – 'Estamos dando ênfase ao ensino primário, porque o analfabetismo é a maior chaga de um país. Se não tiver um bom ensino primário, nada mais vai funcionar direito. No ensino médio, estamos apenas começando, e há uma mudança no ensino técnico. O ensino técnico não deve ser apenas, como tem sido em grande parte hoje, uma passagem para o ensino superior. É preciso que haja escolas técnicas em que as pessoas se dediquem a certas profissões.'

TORTURADOR – 'É mais uma armação. Trata-se de um oficial, que não foi promovido ao generalato por mim, mas é oficial-general hoje, e já estava em funções. Ele fez um recurso (na Justiça) e ganhou, quanto à anulação de seu registro (de médico). E o caso está *sub judice*. E eu sou presidente da República, fui exilado, estive preso, conheço a repressão, conheço a lei. Tenho de ser uma pessoa justa, não posso ser uma pessoa que use o fígado para me vingar desse ou daquele. Eu tenho que ver o que é certo, e quando é certo. Na verdade, até hoje não houve nenhuma acusação contra esse homem. De repente, há uma pressão grande... Ele não foi promovido a nada. Simplesmente houve uma fusão de dois departamentos no Ministério do Exército onde ele já estava. Então você vê que essa onda toda é propaganda política do inimigo, só isso.'

Colaborou Carlos Eduardo Alves, da Reportagem local." (FRANÇA, William. *Folha de S. Paulo*, 21 mar. 1998, Caderno 1, p. 10)

SUGESTÕES DE ATIVIDADES

1. Compare a estruturação dos dois textos.
2. Assinale concordâncias e discrepâncias encontradas nos dois textos.
3. O texto da *Folha de S. Paulo* apresenta divisão em blocos. Qual a finalidade deste procedimento?
4. Os exemplos transcritos podem ser classificados como grande reportagem ou reportagem de setor?
5. Justifique a resposta anterior.
6. Qual foi o motivo para o término antecipado da entrevista?
7. Qual é a sua opinião a respeito dos fatos ocorridos durante a entrevista dos jovens com FHC?

7

Aspectos da Redação Técnica

Carta comercial
Requerimento
Memorando
Ofício
Relatório
Curriculum vitae
Procuração

Carta Comercial

EXEMPLO DE CARTA COMERCIAL

1. São Paulo, 19 de julho de 1994.

(5 espaços)

2. Prezados Senhores:

(3 espaços)

3. Com referência à sua reclamação, na carta do dia 15 do mês em curso, levamos ao conhecimento de V. Sas. os necessários esclarecimentos.

(2 espaços)

O atraso na entrega da mercadoria solicitada ocorreu não por falha de nossos funcionários, mas por incúria da empresa entregadora.

Estamos tomando as devidas providências a fim de que as mercadorias sejam entregues rapidamente.

(2 espaços)

4. Escusamo-nos pelo ocorrido e continuamos à disposição de V. Sas.

(3 espaços)

5. Benevenuto Cascadura
    Gerente de Vendas.

Aspectos da Redação Técnica   **131**

ESTRUTURA DA CARTA COMERCIAL

1   Data

2   Invocação

3   Explanação do assunto

4   Fecho

5   Assinatura/Função

Como qualquer outra é um instrumento de comunicação que se restringe a determinada área: empresarial e/ou comercial, razão por que tem características próprias.

As qualidades da carta comercial são as seguintes:

a) *Boa apresentação*: exige-se, portanto, ordem, organização e limpeza.

b) *Clareza*: a obscuridade do texto impede a comunicação imediata e dá azo a interpretações que podem levar a desentendimentos e, mesmo, a prejuízos financeiros.

A linguagem há de ser:

1. *Simples*, evitando-se preocupação com enfeites literários.

2. *Atual*, isto é, inteligível à época presente.

3. *Precisa*, a saber, própria, específica, objetiva.

4. *Correta*, com exata observância das normas gramaticais.

5. *Concisa*, informando com economia de palavras.

6. *Impessoal*, com o máximo de objetividade, pois a carta comercial não é lugar adequado para manifestações subjetivas e sentimentais.

Partes da carta comercial

a) *Cabeçalho ou timbre*: com todos os elementos que identifiquem a firma. Hoje, o cabeçalho já vem impresso e há casos em que simplesmente não aparece.

b) *Destinação ou endereçamento* com:

– localidade: com respeito à localidade, deve-se prestar atenção ao seguinte:

• a tendência atual é se colocar o local à esquerda, no alto;

• não se abrevia o nome do lugar, escreve-se São Paulo e não S. Paulo;

• após o nome da cidade, usa-se a vírgula.

c) *Data*: com respeito à data, importa lembrar:

• nome do mês com minúscula;

• após a data, segue-se ponto final;

• os numerais designativos de ano não se separam por ponto ou espaço; assim deve-se escrever 1992 e não 1.992 ou 1 992;

• os numerais de uma data separam-se por hífen e não por barra. Então, 30-11-91 e não 30/11/91;

• destinatário: nome, endereço, localidade.

d) *Iniciação*: abrangendo vocativo (invocação), referência e início, com várias fórmulas possíveis.

O vocativo se faz de forma simplificada, sem *Prezado* Senhor ou outra fórmula adjetiva, somente *Senhor* e o cargo: *Senhor Diretor*; *Senhor Chefe* do Departamento Tal etc. Pode-se alternar no vocativo o *Prezado Senhor* com formas análogas: *Senhor Diretor*; *Caro professor* ou simplesmente: *Senhores*.

O endereço do destinatário, modernamente, não é colocado na carta, somente no envelope. No caso de envelope *janelado*, pode-se colocar o endereço na carta.

Não se usa mais o *Ilustríssimo* ou *Excelentíssimo* que precedia o destinatário.

Para o início, propriamente dito, havia uma série de fórmulas, a maioria em desuso. Não se usam mais as fórmulas: *Acusamos o recebimento de sua prezada carta...; Pela presente acusamos o recebimento... Lamentamos informar que... Serve esta para inteirá-lo... Vimos através desta solicitar-lhes...* etc.

As mais usadas são:

- Solicitamos a V. Sa.
- Informamos V. Sas.
- Participamos-lhe que...
- Desejamos cientificá-los de que...
- Atendendo às solicitações de sua carta...
- Com referência à carta de V. Sa. de ... de ... (data).

e) *Corpo da carta*, ou exposição do assunto, obviamente, é variável, de acordo com o que se pretende. É comum o uso de formas abreviadas, como V. Sa.; V. Sas.; ou V. S.ª; V. S.ᵃˢ, ou, se for o caso, V. Exa.; V. Ex.

- Vale lembrar que o verbo relacionado com os referidos pronomes de tratamento deve estar sempre na terceira pessoa, do singular ou do plural.
- At. É uma abreviatura de Atenção, que se usa dentro da carta, junto do destinatário ou logo abaixo. Não se usa Att., abreviatura do inglês *Attention*.
- A/C (aos cuidados) emprega-se somente no envelope, quando há uma terceira pessoa incumbida de receber a carta e direcioná-la ao destinatário.
- O Texto da carta tem início sem recuo ou parágrafo e não é mais obrigatório o alinhamento pela margem direita (IN nº 133/82). Embora não seja obrigatório, o alinhamento pela direita pode ser usado, pois o uso do computador facilita essa tarefa (basta clicar o ícone "justificar").

- Até o fecho "Atenciosamente," ou "Cordialmente" é alinhado pela margem esquerda.
- A separação dos parágrafos é feita por um espaço maior entre uma linha e outra.
- A introdução da carta, logo após o vocativo, deve ter clareza e concisão.
- O texto da carta pode conter facultativamente, no cabeçalho, referência ao assunto e no final, iniciais de quem a redigiu.
- Como em qualquer outro tipo de redação, o texto de uma carta deve ser objetivo, claro, apresentando as ideias bem organizadas, conciso, sem parágrafos muito longos, palavras pouco usuais, sem ambiguidades, mantendo unidade e coerência.

Os fechos de cortesia, atualmente, dispensam "protestos de alta estima e consideração" e outras fórmulas antigas (*sendo o que se me apresenta no momento; no aguardo de suas breves notícias envio meu cordial abraço; renovamos as expressões de nossa elevada estima e distinta consideração; sem mais, termino esta* etc.). A tendência moderna é evitar-se: *subscrevo-me, sem mais para o momento* ou formas que denotem intimidade (que nem sempre existe): *um cordial abraço do amigo... pedimos-lhe a bondade de uma pronta resposta, Ansiosamente aguardamos resposta* e outras.

Os fechos mais usados são:

- Atenciosamente.
- Cordialmente.
- Respeitosamente.
- Cordiais saudações.
- Saudações.

A IN nº 133/82, do Departamento de Administração do Serviço Público, recomendou o uso de fechos mais simples. Depois dela, a IN nº 4/92, da Presidência da República, regulamentou os fechos das correspondências.

A IN nº 4/92 recomenda dois tipos de fecho:

- *Respeitosamente*, para altas autoridades, incluído o Presidente da República.
- *Atenciosamente*, para autoridades da mesma hierarquia ou hierarquia inferior.

- No caso de se juntarem documentos, observar o emprego: os documentos *anexos* (que devem ser discriminados), a tabela ou a comunicação *anexa*, o modelo *anexo* etc.

Observação: Não se usa mais fazer uma linha pontilhada para receber a assinatura. Toda carta deve ser assinada por uma pessoa que possa ser identificada, não podendo ser assinada por um setor ou departamento.

Requerimento

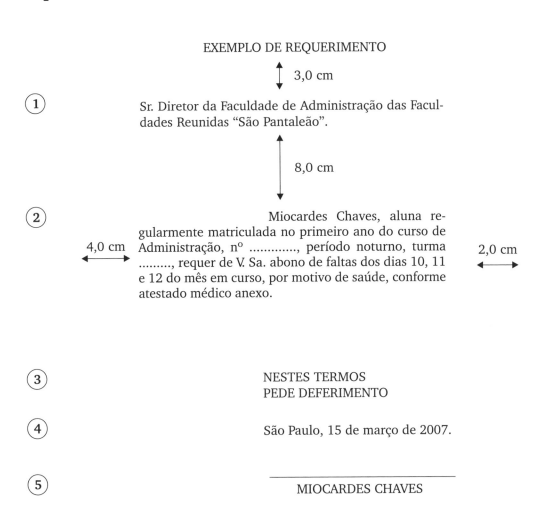

ESTRUTURA DO REQUERIMENTO

(1) Invocação

(2) Explanação do assunto

(3) Fecho

(4) Local e data

(5) Assinatura

Constam do requerimento:

- invocação: cargo da autoridade a que se destina, precedido do tratamento conveniente, por extenso; não se declara o nome da pessoa;
- nome e identificação do requerente: nacionalidade, estado civil, endereço, números do RG e CPF;
- exposição do que se requer e justificativa; pode-se incluir citação do amparo legal do pedido;
- fecho: fixo: *Nestes termos*, (na outra linha) *Pede deferimento*;
- local, data e assinatura.

Observações:

- Quem faz o requerimento chama-se *requerente*.
- O requerimento deve ser redigido em um só parágrafo.
- O fecho ocorre em outro parágrafo.
- O requerimento é redigido na 3ª pessoa, portanto, não se admite o emprego do *eu* ou *nós*;
- Emprega-se residente ou morador *na* rua tal e não *à* rua tal.
- Entre a invocação e o texto convém deixar sete espaços, onde será redigido o despacho.
- O requerimento pode ser redigido em papel simples ou duplo, com ou sem pauta, no formato almaço.
- O fecho ocupa duas linhas: *Nestes termos*,

Pede deferimento.

Não se recomenda o fecho sequencial: *Nestes termos*, *pede deferimento* e nem se admite a abreviação: N.T. P D.

Memorando

EXEMPLO DE MEMORANDO

①   DE: Biblioteca Central

②   PARA: Prof. Santinho Palhano

③   DATA: 16-12-2004

④   Assunto: Livros

⑤   Acusamos o recebimento dos livros elaborados por V. Sa. e registramos nossos agradecimentos, pois tais livros serão de grande valor para a Biblioteca Central e para os alunos de Letras.

⑥   (a) . . . .

Aspectos da Redação Técnica **139**

ESTRUTURA DO MEMORANDO

① Procedência

② Destinatário

③ Data

④ Assunto

⑤ Corpo-Explanação

⑥ Assinatura

CONSIDERAÇÕES SOBRE O MEMORANDO

- Etimologicamente, o termo prende-se ao verbo latino "memini"; é uma forma verbal latina usada como substantivo, cujo significado é "o que deve ser lembrado". A forma abreviada é *memo*.

- É um lembrete com mensagens, avisos, consultas rápidas, informações sucintas.

Ferreira (1999, p. 1314) define memorando como "impresso comercial, menor que o de carta, usado para comunicações breves". É um tipo de comunicação interna, na maioria das empresas realizada por meio do correio eletrônico.

Atualmente, não se faz grande distinção entre o memorando e o comunicado, sendo ambos usados de forma ampla para todos os fluxos de comunicação.

Gold (2005, p. 108) lembra que o texto pode ser iniciado sem o vocativo, que já está presente no destinatário, entretanto, é mais comum usá-lo. Não é necessário um fecho formal, sendo os mais usados "Saudações" ou "Abraços", no correio eletrônico.

A principal característica do memorando é a agilidade, portanto, a tramitação do memorando deve pautar-se pela rapidez e pela simplicidade, minimizando os procedimentos burocráticos. Os despachos ao memorando devem ser dados no próprio documento.

---

* As edições do Aurélio de 1986 e a mais recente, de 1999, apresentam diferenças. Na bibliografia devem constar as duas edições.

Ofício

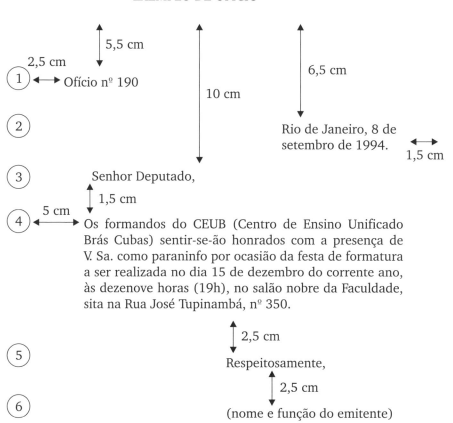

EXEMPLO DE OFÍCIO

Ofício nº 190

Rio de Janeiro, 8 de setembro de 1994.

Senhor Deputado,

Os formandos do CEUB (Centro de Ensino Unificado Brás Cubas) sentir-se-ão honrados com a presença de V. Sa. como paraninfo por ocasião da festa de formatura a ser realizada no dia 15 de dezembro do corrente ano, às dezenove horas (19h), no salão nobre da Faculdade, sita na Rua José Tupinambá, nº 350.

Respeitosamente,

(nome e função do emitente)

Ao senhor
Deputado (Fulano de Tal)
Câmara dos Deputados
Brasília – DF

ESTRUTURA DO OFÍCIO

(1)   Número do Ofício

(2)   Data

(3)   Invocação

(4)   Explanação

(5)   Saudação

(6)   Nome e função do signatário

(7)   Nome
Endereço do destinatário

CONSIDERAÇÕES SOBRE O OFÍCIO

- Em sentido estrito, ofício é o meio de comunicação próprio dos órgãos de serviço público oficial. Em sentido largo, porém, aplica-se a qualquer tipo de comunicação revestida de certa solenidade e de uso em circunstâncias especiais.

- Na definição de Ferreira (1999, p. 1436), ofício é "comunicação escrita e formal que as autoridades e secretarias em geral endereçam umas às outras, ou a particulares, e que se caracteriza não só por obedecer a determinada fórmula epistolar, mas, também, pelo formato do papel (formato ofício)".

- O ofício é tipo de correspondência muito usado para encaminhar documentos importantes, solicitar providências ou informações, propor convênios, convidar alguém com distinção para participar de eventos, enfim, tratar o destinatário com especial consideração.

- Cada secretaria, estadual ou municipal, ou reitoria de universidades cria seu próprio modelo, o que dificulta a intenção da Secretaria de Administração Federal de padronizar os documentos oficiais. Na redação oficial constam o cabeçalho e o timbre.

- O nome do mês, nas datas, aparece sempre em minúsculas, observação válida para qualquer tipo de comunicação.

- Geralmente, o ofício é numerado quando o remetente é pessoa jurídica; pessoas físicas não costumam numerar correspondência. O número do ofício, quando o remetente for pessoa jurídica, será grafado na mesma linha, local e data, com ponto final após a data.

- O vocativo, seguido de vírgula, refere-se ao cargo do destinatário: Senhor Diretor, Senhor Chefe d..., dispensando-se o emprego do adjetivo: *Prezado Senhor*;

- No texto faz-se a exposição do assunto dividido em parágrafos, que podem ser numerados se o texto for longo; o primeiro e o último parágrafo (fecho) não são numerados; a numeração dos outros parágrafos é feita a 2,5 cm da margem esquerda, seguida de ponto, obedecendo-se ao alinhamento pelo primeiro;

- Se houver anexos, serão indicados pelo seu número (Anexo: 1 ou Anexos: 3), entre a assinatura e o endereçamento;

Quando for utilizada mais de uma página, a continuação se dará na página seguinte, com o fecho e a assinatura; o destinatário e o endereço ficam sempre na primeira página.

144 Língua Portuguesa • Andrade e Henriques

A IN nº 4/1992 (Manual de Redação da Presidência da República), com a finalidade de racionalizar e padronizar a redação das comunicações oficiais, recomenda:

- a linguagem deve ser formal, sem exageros;
- os fechos, centralizados na página, foram simplificados e uniformizados: (a) *Respeitosamente*, para autoridades superiores, inclusive o Presidente da República; (b) *Atenciosamente*, para autoridades da mesma hierarquia ou de hierarquia inferior, sendo o fecho sempre seguido de vírgula;
- fica abolido o uso do tratamento *Digníssimo*, pois "a dignidade é pressuposto para que se ocupe qualquer cargo público, sendo desnecessária a sua repetida evocação";
- fica dispensado o emprego do superlativo *ilustríssimo* para as autoridades que recebem o tratamento de *Vossa Senhoria* e para particulares. É suficiente o uso do pronome de tratamento *Senhor*;
- acrescente-se que doutor não é forma de tratamento e, sim, título acadêmico. Não deve ser usado indiscriminadamente. Seu emprego deve restringir-se a pessoas que tenham tal grau por terem concluído curso universitário de doutorado.

PRONOMES DE TRATAMENTO

A redação de cartas e ofícios, ou seja, de textos técnicos em geral, obriga o uso adequado dos pronomes de tratamento, que variam conforme o cargo ou a importância do destinatário. É muito importante saber invocar ou referir-se a um cidadão comum, a uma autoridade civil, militar ou eclesiástica nos termos adequados. Começando pelo cidadão comum, sem títulos nem cargos, até o Presidente da República, usualmente emprega-se:

1. você (v.) no tratamento familiar, no plural vocês (vv.);

2. Senhor (Sr.) Senhora (Sra.) no tratamento respeitoso; plural; /Srs. /Sras. Não se usa o pronome *senhorita* (srta.).

3. O tratamento correspondente a Senhor é Vossa Senhoria (V.Sa.) para pessoas de relativa cerimônia; na correspondência comercial, para oficiais até o posto de coronel. No plural, V. Sas. ou V. S.^{as}

4. para altas autoridades: Vossa Excelência : V. Exa. / V. Exas., no plural;

5. para sacerdotes e religiosos em geral: Vossa Reverendíssima (V. Revma.);

6. para bispos e arcebispos: Vossa Excelência Reverendíssima (V. Exa. Revma./ V. Exas. Revmas.);

7. para cardeais: Vossa Eminência (V. E.^{ma}, plural V. E.^{mas}). Invocação: Eminentíssimo Cardeal;

8. para o Papa: Vossa Santidade (V.S.);

9. para reis e rainhas: Vossa Majestade (V.M./ VV. MM.);

10. para príncipes, princesas e duques, Vossa Alteza (V.A. / VV.AA.);

11. para reitores: Vossa Magnificência (V Mag.ª). Invocação: Magnífico Reitor;

12. para juízes de Direito: Vossa Meritíssima (por extenso). Invocação: Meritíssimo Juiz);

13. para o Presidente da República: Vossa Excelência, sempre por extenso.

Observações:

- Ao referir-se às autoridades, empregam-se Sua Exa., Sua Eminência, Sua Alteza, Sua Santidade, Sua Majestade etc. Os pronomes de tratamento referem-se à 3ª pessoa (correspondem aos oblíquos o, a, lhe, se, si, consigo e aos possessivos seu, sua).

- Em comunicações dirigidas aos Chefes de Estado, usa-se Excelentíssimo Senhor, seguido do cargo respectivo; as demais autoridades serão tratadas com o vocativo Senhor, seguido do cargo respectivo:

  Senhor Senador;

  Senhor Juiz;

  Senhor Governador etc.

Relatório

Relatório, como o próprio nome indica, é um *relato* de uma atividade, que pode ser experiência científica, estágio, visita, apreciação sobre determinado fato ou assunto etc. Assim sendo, vários são os tipos de relatório: técnico, científico, administrativo, de estágio, de visita, de cursos realizados, de apreciação sobre um tema.

O Relatório, muito frequentemente usado nas diversas áreas da vida profissional, deve levar em conta a sua finalidade (relatar o quê?, para quem?, por quê?), isto é, deve ser adequado às adequado às circunstâncias e às finalidades.

PARTES DO RELATÓRIO

As partes essenciais de um relatório são: introdução, apresentação dos itens observados, comentários e conclusões.

- Os relatórios tanto podem ser formais, informais, analíticos ou informativos, sendo mais comuns os informais. O importante é que o relato seja claro, conciso, moderado nas afirmações, imparcial, distinguindo fatos de opiniões. Eles devem ser breves, exatos, objetivos, podendo ser um ofício, carta ou memorando ou até mesmo um relato oral.

De maneira geral, a elaboração do Relatório compreende as seguintes partes:

- *folha de rosto ou página de informações especiais* – título do Relatório, nome da entidade ou firma,data, nome do autor, nome do destinatário.
- *sumário* – para indicar as principais subdivisões e a paginação. Pode ser dispensado, no caso de relatórios mais breves;
- *introdução* – objeto do Relatório, suas circunstâncias, sua ideia central;
- *desenvolvimento* – consta de três partes: primeira, a descrição do contexto, do desenrolar dos fatos ou das experiências; segunda, análise crítica, baseada em argumentos precisos, objetivos; terceira, enunciação dos resultados, apresentação de propostas etc.;
- *conclusão* – apresenta um relato de conjunto. Na conclusão não se devem introduzir elementos novos, apenas retomar o que já foi explicado na introdução e no desenvolvimento, acrescentando-se, é claro, as conclusões logicamente decorrentes dos fatos observados;
- *bibliografia* – além da bibliografia consultada, que deve ser apresentada no final e de acordo com as normas da ABNT, é indispensável citação das fontes, no caso de informações indiretas ou transcrições de textos. Essas informações podem ser feitas em notas de rodapé ou no final do trabalho.

REDAÇÃO

Um Relatório deve ser redigido em linguagem simples, objetiva e correta, não se admitindo construções rebuscadas, torneios de linguagem. O indispensável é organizar o pensamento, torná-lo claro e expressá-lo, de preferência, em linguagem denotativa.

Esse tipo de texto tem o objetivo de exprimir a opinião do autor sobre determinado assunto; portanto, pode ser redigido na primeira pessoa (do singular ou do plural, no caso de trabalho em grupo). Alguns autores, contudo, indicam o emprego da terceira pessoa – o "se" impessoal (fez-se, acrescentou-se, chegou-se à conclusão etc.) –, como o mais adequado, principalmente nos relatórios de pesquisa científica.

Desaconselha-se o uso do plural majestático, o pronome "nós" empregado para designar primeira pessoa – "eu". Embora considerado uma forma de modéstia, sua utilização parece um pouco pomposa na linguagem moderna e, além disso, dificulta sobremaneira a concordância.

A expressão coloquial "a gente" deve ser evitada, pois faz parte da linguagem informal ou familiar, imprópria para um trabalho desta natureza.

A argumentação, baseada em fatos, deve ser lógica, coerente, levar em conta a escolha e classificação dos argumentos apresentados, valorizar opiniões emitidas.

Finalmente, observa-se que, mesmo empregando-se o pronome impessoal (se), é imperioso que a personalidade e as opiniões do autor fiquem evidentes, sob a aparente neutralidade do texto.

SUGESTÕES:

a) Para um relatório científico, indica-se a seguinte obra:

SALOMON, Délcio Vieira. *Como fazer uma monografia*: elementos de metodologia do trabalho científico. 5. ed. Belo Horizonte: Interlivros, 1997. p. 191-212.

b) Para relatórios administrativos:

GARCIA, Othon Moacyr. *Comunicação em prosa moderna*. 2. ed. Rio de Janeiro: FGV, 1973. p. 383-386.

Curriculum Vitae

Transcreve-se, *data venia*, o modelo básico de currículo estampado na *Folha de S. Paulo*, de 21 fev. 1993, Caderno, 7, p. 1.

MODELO BÁSICO

- Localidade e data
- Nome, nacionalidade e telefone para contato
- Resumo da trajetória profissional
- Escolaridade: graduação, pós-graduação e cursos compatíveis com o cargo pretendido (citar curso, instituição e período)
- Idiomas
- Experiência profissional detalhada (mencionar cargos, empresas, períodos e realizações de destaque)
- Informações adicionais (publicações, participação em congressos etc.)
- Pretensão salarial (se solicitada)
- Assinatura

PRINCIPAIS DICAS

Não esquecer	Evite
• Seja objetivo nas informações	• Exagero de citações
• Cuide da boa apresentação	• Detalhamento de dados pessoais, como o número dos documentos
• Acrescente realizações práticas nos cargos anteriores	• Sonegação de informações que possam ser confrontadas posteriormente
• Destaque conhecimentos relacionados ao cargo pretendido	• Elaboração de currículos diferentes
• Siga à risca o que solicita o anúncio	• Pretensão salarial muito acima ou abaixo da média do mercado
• Situe a pretensão salarial na média do mercado	• Inclusão de telefone de terceiros para informações
• Assine o currículo e inclua a data recente	
• Divida a experiência por setores, se tiver atuado em mais de um	
• Envie sempre o currículo original	

CONSIDERAÇÕES SOBRE O CURRÍCULO

De modo geral, o currículo consta dos seguintes itens: (I) dados pessoais; (II) formação básica; (III) experiência profissional; (IV) atividades atuais.

I – Os dados pessoais compreendem: nome, nacionalidade, data de nascimento, estado civil, filiação. Modernamente omite-se o endereço e o número dos documentos pessoais, por razões de segurança. Pode-se indicar o número de um telefone para contato ou o endereço eletrônico.

II – Na formação básica especifica-se o grau de escolaridade, os cursos de graduação e pós-graduação, cursos de aperfeiçoamento e extensão que interessem aos objetivos do currículo e o conhecimento de línguas estrangeiras. Devem ser declaradas as datas (início e término) dos cursos e a instituição onde foram realizados.

III – Da experiência profissional devem constar, em síntese, o nome das empresas em que trabalhou, os cargos e funções, acompanhados dos respectivos períodos.

IV – Devem ser discriminadas as atividades que vem realizando, com indicação de empresas ou locais de trabalho, cargo e funções.

Observações:

- A expressão latina *curriculum vitae* abreviou-se e vernaculizou-se para currículo.
- O currículo não é apenas um apanhado de dados colocados em um papel: ele exige uma sequência disciplinada de dados e títulos, sujeita à comprovação, pela apresentação dos documentos pertinentes.
- A redação do currículo exige síntese e cronologia na apresentação dos dados e, sobretudo, informações verdadeiras, que possam ser comprovadas pela documentação.
- A tendência moderna é redigir um currículo resumido, cuja extensão não ultrapasse de uma a três páginas, com uma síntese das informações essenciais, e manter outro, atualizado, com a discriminação de todos os itens.

Procuração

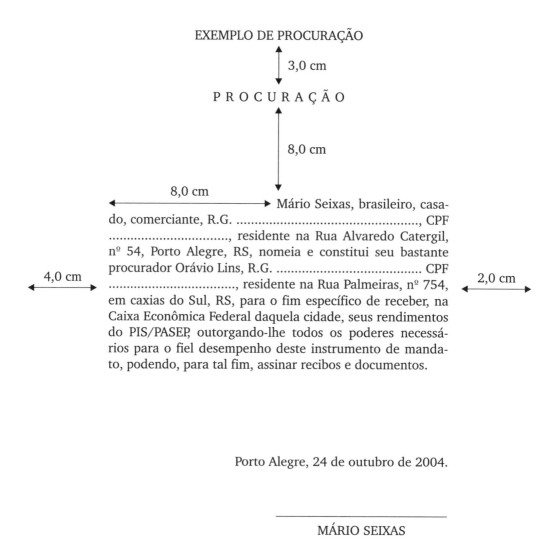

CONSIDERAÇÕES SOBRE A PROCURAÇÃO

- Procuração é um documento por meio do qual uma pessoa transfere legalmente a outra poderes para, em seu nome, praticar atos nela especificados. A procuração pode ser pública ou particular. A procuração pública será passada em cartório; na procuração particular, mais comumente usada, por um instrumento particular de procuração, redigida de próprio punho, datilografada ou digitada, uma pessoa delega legalmente a outra a incumbência para tratar de negócios, que devem ser especificados, em seu nome.

- Observou-se, no modelo, que o termo *procuração* está no centro para ficar em destaque; para maior efeito espaçar-se-ão as letras.

- Já se notou que o verbo *residir* rege a preposição em por ser um verbo de fixação de caráter estático. Tal regência não se cumpria em alguns clássicos e muito menos nos dias atuais.

- Com respeito a palavra *bastante*, veja-se a observação na p. 174 deste livro.

- No requerimento e na procuração não se usa a primeira pessoa; daí evitar-se a forma: "Eu nomeio e constituo."

- Com referência aos verbos *nomear e constituir*, veja-se a observação nas p. 192 e 193 deste livro.

- O corpo da Procuração se desenvolve em um só parágrafo.

- Quem passa a procuração é o mandante ou outorgante; quem a recebe é o mandatário ou outorgado.

- Observa-se que um texto básico de procuração tem três partes: na primeira, faz-se a identificação do mandante e do mandatário, com nome, nacionalidade, estado civil, profissão, residência, números do RG e CPF. Na segunda especifica-se a finalidade da procuração, e na terceira apresenta-se o fecho, que é fixo, com os dizeres: "podendo, para tanto, realizar todos os atos necessários para este fim"; seguem-se local, data e assinatura. A procuração só é legalmente válida com firma reconhecida.

APÊNDICE – LEMBRETES GRAMATICAIS

Emprego da crase
Infinitivo flexionado e não flexionado
Casos práticos de concordância nominal
Notações sobre ortografia, prosódia e algumas dificuldades gramaticais
Observações sobre conjugação, concordância e regência de alguns verbos
Verbos abundantes
Os verbos fazer e haver
Regência de alguns verbos

Emprego da Crase

I – CONCEITO

Crase é a fusão da preposição *a* + o artigo *a*, indicada pelo sinal diacrítico (`). Considera-se também crase a fusão da preposição *a* com a vogal *a* inicial dos demonstrativos *aquele* (aqueles), *aquela* (aquelas), *aquilo*. Exemplo:

"O Dia de Finados, em Paris, não é o mais recomendável para a visita aos mortos, principalmente *àqueles* que descansam no cemitério do Père Lachaise." (Josué Montello)

"O esquecimento e o silêncio constituem a punição que se inflige *àquilo* que nos parece feio ou vulgar no passeio através da vida." (Renan, apud Josué Montello, *Diário da Tarde*)

"Você, mais do que ninguém, sabe da ternura que me liga *àquela* casa." (Juscelino Kubitschek, apud Josué Montello, *Diário da Tarde*)

Dessa conceituação, tiram-se as seguintes conclusões:

a) Não se usa crase diante de *masculinos* por não admitirem artigo feminino. Exemplos:

"Peça *a* Deus que os anjos digam amém." (Graciliano Ramos)

"*A* princípio, a cidade pode até mostrar-lhes uma face meio hostil". (Erico Veríssimo)

b) Não se usa crase antes de *verbos* por não serem precedidos de artigo e por serem considerados masculinos. Exemplos:

"*A* filha que era engordada como peru de Natal, arranjou emprego e passou *a* almoçar tranquilamente as suas saladas." (Dinah Silveira de Queiroz)

"Daqui a pouco o Demônio não terá mais nada *a* fazer: está todo mundo agindo por conta própria." (Fraga – humorista)

"Sabes? Eu amo-te *a* perder de vista..." (M. Quintana)

c) Não se usa crase diante de *pronomes de tratamento* por não serem precedidos de artigo. Exemplos:

"De como paguei a multa (com 30% de abatimento) e do que se seguiu, contarei *a* V. Ex.ª na próxima." (C.D.A.)

"Como hei de responder *a* Vossa Majestade?" (Coelho Neto)

Obs.: *Senhora* constitui exceção. Exemplo:

"Quanto *à* Sra. Maria Tereza..." (Manuel Bandeira)

"O repórter que foi comunicar esta avaliação *à* veneranda senhora encontra-se lendo Unamuno..." (C.D.A.)

d) Não se usa crase diante de *femininos* que não admitem artigo. Exemplos:

"Chegamos *a* Madri pela manhã, há um ano. Vamos deixar *Madri* à noite." (Josué Montello)

(Madri sem artigo)

"Chegamos *a* Santarém." (Érico Veríssimo)

(Não se diz *a* Santarém é bela.)

e) Não se usa crase diante de *nomes no plural* que dispensam o artigo feminino plural *as*. Exemplos:

"Ninguém presta atenção *a* lorotas de papagaio." (Graciliano Ramos)

"Mesmo em países distantes, esse nome está ligado *a* manhãs de vento e azul..." (C.D.A.)

II – REGRAS PRÁTICAS

a) Emprega-se a crase sempre que, na substituição de vocábulo feminino pelo masculino, for necessário o uso de *ao*. Exemplos:

"Ela quer saber se o senhor vai *ao* cinema... se vai *à missa*." (Graciliano Ramos)

"Começou a corrida atômica novamente. É assim: hoje em direção *à bomba*, amanhã em direção aos abrigos." (Fraga – humorista)

Obs.: Vale a mesma regra para as locuções. Exemplos:

"– Rápido, pessoal, vamos dar o pira que isto aqui na Amazônia está cheirando *a fumaça*." (C.D.A.)

(Não se diz está cheirando ao enxofre.)

Obs.: Segundo a regra acima, emprega-se a crase diante de *a qual, as quais*, que (quando igual a *a qual*). Exemplos:

"Tic-Tac

Mera ilusão auditiva, graças *à* qual a gente

Ouve sempre Tic-Tac e não Tac-Tic... Depois disso

Como acreditar em relógios? Ou na gente?" (Mário Quintana)

"Pude reconhecer que a casa corresponde *à* que eu tinha na memória." (Josué Montello)

(Pude reconhecer que o sobrado corresponde *ao* que eu tinha na memória.)

b) Emprega-se a crase quando o *a* pode ser substituído por *para a, da, pela, com a*. Exemplos:

"Esta visita *à* Grécia..." (Érico Veríssimo). (Voltou da Grécia.)

Érico Veríssimo foi *à* Espanha. (O Douro nasce na Espanha.)

Esquematizando:

"Não queria que a televisão lhe desse um carnê e uma viagem *à* Grécia..." (C.D.A.)	Veio da Grécia Mora *na* Grécia Passeou *pela* Grécia
"Chegamos *a* Coimbra depois das oito da noite." (Érico Veríssimo)	Venho *de* Coimbra Moro *em* Coimbra Passei *por* Coimbra

III – CASOS FACULTATIVOS

a) Diante de possessivos femininos é livre o emprego da crase, quando livre for o emprego do artigo. Exemplos:

"Não pude dar *a* minha secretária o abraço e as flores pela passagem de seu Dia..." (C.D.A.) (para minha secretária)

Não pude dar *à* minha secretária... (para a minha secretária)

"Até um menino seria sensível *à* sua beleza..." (C.D.A.) (para a sua beleza)

b) Diante de nomes próprios femininos o uso de crase é livre, quando livre for o emprego do artigo.

Josué Montello usa e não usa a crase ao se referir à sua esposa, nos exemplos abaixo:

"Hoje, disse *à* Yvonne, descendo a Rua do Sol:... "
(para a Yvonne)

"Tiro o papel do rolo, passo-o *a* Yvonne."
(para Yvonne).

Obs.: Em se tratando de pessoas célebres, não se usa crase.

Exemplo: Refiro-me *a* Maria Antonieta.

Em se tratando de pessoas com especificação, usa-se crase.

Exemplo: Enviamos flores *à* Maria da Matemática.

IV – CASOS ESPECIAIS

a) Palavra *casa*:
- Não especificada: sem crase. Exemplo:

  "Jantei e fui *a* casa." (Machado de Assis)

- Especificada: com crase. Exemplo:

  "À noite fui *à* casa de Adrião." (Graciliano Ramos)

  "Nesta preocupação andei até que fui levado outra vez *à* casa *onde se passava a tragédia...*" (Machado de Assis)

b) Palavra *terra*:
- Em oposição a *a bordo*: sem crase. Exemplo:

  Deixamos o barco cedinho e fomos *a* terra.

- No sentido de *país*, solo: com crase. Exemplo:

  "Mamãe acredita que os anjos venham *à* terra?" (Machado de Assis)

c) Palavra *distância*:
- Indeterminada: sem crase. Exemplo:

  "Dirigi-me à praça, olhando com simulada indiferença as famílias que vinham *a* distância." (Graciliano Ramos)

- Determinada: com crase. Exemplo:

  "Mas também, *à* distância de 50 anos, todas as coisas são mais ou menos confusas..." (C.D.A.)

  Obs.: Tal é o parecer comum dos gramáticos: Adriano da Gama Kury (1982, p. 11) contesta, citando vários exemplos, em que aparece crase com a palavra *distância* indeterminada.

d) Palavra *uma*:
- Indefinido: sem crase. Exemplos:

  "Dá-se chance *a* uma secretária que dê chance." (Leon Eliachar)

"A menção honrosa coube *a* uma menina paulista chamada Lygia Fagundes." (F. Sabino)

Numeral: com crase. Exemplo:

"O Ofício termina ao meio-dia e meia hora ou *à* uma hora." (Pinheiro Chagas)

Obs.: Como toda locução adverbial, deve-se crasear.

Ex.: "todos falaram *à uma*." (*À uma*, neste caso, significa: simultaneamente, em conjunto)

e) *Locuções*: com crase. Exemplos:

Levantam-se *às* cinco horas, tomam um gole de café preto e vão para o roçado." (Rachel de Queiroz)

"Era costume delas, *às* tardes, e *às* manhãs também." (Machado de Assis)

Às vezes, o maior encanto dos bebês são as babás. (M. Quintana)

Obs.: Nas locuções com nomes masculinos, usa-se a crase, se estiver subentendida uma palavra feminina (moda, maneira etc.). Exemplo:

"... ao denunciar o propósito do presidente da República de fechar o Congresso, para implantar no país um regime político *à* Fidel Castro." (Josué Montello)

"Uma bacalhoada *à* Gomes de Sá é unanimemente escolhida como prato principal." (Érico Veríssimo)

Obs.: Nas locuções formadas por repetição de palavras não se usa crase. Exemplos:

"Ser brotinho é atravessar de *ponta a ponta* o salão de festa com uma indiferença glacial pelas mulheres que deixaram de ser brotinhos." (Paulo Mendes Campos)

"O povo ri de *orelha a orelha*." (Mário Quintana)

Infinitivo Flexionado e Não Flexionado

I – INTRODUÇÃO

O infinitivo é uma das formas nominais do verbo, isto é, um *nome*, mas, por ser *verbo*, pode traduzir uma ação, incluindo categorias do processo.

Trata-se de assunto extremamente complexo, cuja sistematização tem sido tentada por inúmeros gramáticos, embora sem êxito, por suscitar confusão.

O infinitivo pode ser *pessoal* (flexionado) ou *impessoal* (não flexionado).

Entendemos que – sem pretensão de resolver o assunto – as regras seguintes são suficientes para abranger os casos mais comuns.

II – EMPREGO DO INFINITIVO FLEXIONADO

Emprega-se o infinitivo flexionado:

1. Quando há sujeito *explícito*, *evidente*, *atuante* (mesmo implícito), isto é, quando há sujeito *próprio*, diferente ou não do verbo principal. Exemplos:

> ".... e eu ouvia murmúrios, via apagarem-se ou acenderem-se luzes veladas...." (Erico Veríssimo)

> "Em escolas primárias da roça ouvi cantarem a soletração de várias maneiras." (Graciliano Ramos)

> "Mas o curioso é tu não perceberes que não houve nunca 'ilusão' alguma". (Apud Celso Cunha & Lindley Cintra)

2. Quando há exigência de clareza. Exemplo:

> "Ó Netuno, lhe disse, não te espantes
>
> De Baco nos teus reinos receberes." (Camões)

(Note-se que *receber*, em vez de *receberes*, traria ambiguidade, já que poderia o infinitivo aplicar-se a Baco, o que não faz sentido. Apud Gladstone Chaves de Melo, *Iniciação à filologia portuguesa*, p. 174.)

3. Quando se deseja dar ênfase (casos especiais). Exemplo:

> "Filha dos cristãos – disse em língua romana o amir – os dois dias que me pediste para *chorares* o teu cativeiro passaram." (Apud Gladstone Chaves de Melo, *Gramática fundamental da língua portuguesa*, p. 189.)

Obs.: Com exceção dos casos expostos, o emprego do infinitivo é mais uma questão de estilo que de gramática, embora esteja sujeito ao seguinte critério básico: usa-se o infinitivo inflexionado no sentido vago e geral; usa-se o infinitivo flexionado no sentido concreto e dinâmico. A forma flexionada enfatiza o agente de ação, ao passo que a forma não flexionada liga-se, de preferência, à ação propriamente dita.

Casos Práticos de Concordância Nominal

1. ALERTA:

Segundo Antenor Nascentes (1955, p. 17), trata-se de uma interjeição militar; era um grito que se proferia à aproximação do inimigo. José Pedro Machado (1967, p. 187) confirma a informação.

Logo, por ter valor interjectivo, permanece invariável.

Outros o consideram advérbio (em estado de prontidão) e, assim, também, permanece invariável. Exemplos:

> "Antes ouvindo a revolta da cidade, estiverão mais *alerta*." (Apud José Pedro Machado – texto arcaico)
>
> "Duas sentinelas sempre *alerta*." (Alencar apud Cândido Jucá Filho)

Obs.: Há quem, entretanto, considere *alerta* também como adjetivo e, então, será variável.

2. ANEXO:

É adjetivo e, em consequência, concorda com o substantivo a que se relaciona em gênero e número. Exemplos:

> "... foi professor de Gramática, Geografia e História na escola *anexa* à militar." (Fausto Barreto)
>
> "Vão *anexas* as palavras que lhe ouvi." (Apud Cândido Jucá Filho);

Obs.: *Em anexo* é expressão adverbial, invariável, e de largo uso, embora combatida por alguns autores.

3. APENSO:

É forma adjetiva e, portanto, flexiona-se em gênero e número; é mais corrente na linguagem jurídica. Exemplo:

> "Dispensei o auxilio oferecido, e retirei-me cosido com a parede, cismando nas belezas apensas a uma noite de lua cheia à beira-mar." (Camilo apud Francisco Fernandes – *Dicionário de regimes de substantivos e adjetivos*)

Obs.: Em apenso, expressão adverbial e de uso frequente, se bem que condenada por alguns autores.

160 Língua Portuguesa • Andrade e Henriques

4. INCLUSO:

Vale a mesma observação a respeito de *anexo* e *apenso*.

5. BASTANTE:

Pode ser:

a) *Adjetivo*, variando, como todo e qualquer adjetivo. Exemplo:

"Havia *bastantes* pessoas na festa." (Cândido Jucá)

"... não encontrará motivos *bastantes* de embevecimento..." (José Saramago)

b) Advérbio, permanecendo invariável. Exemplo:

Os alunos estudam *bastante*.

6. CONFORME:

a) Equivalendo a *conformado, concorde* é adjetivo e variável. Exemplo:

Estamos *conformes* com a vontade de Deus.

b) Equivalendo a *de acordo, segundo, consoante*, tem valor de preposição e permanece invariável. Exemplo:

Todos agiram *conforme* o regulamento.

7. É BOM (*É PRECISO, É PROIBIDO E EXPRESSÕES EQUIVALENTES*):

a) Invariável quando aparece em sentido vago, geral, indeterminado. Exemplos:

É *proibido* entrada a estranhos ao serviço.

Água é *bom*.

b) Variável quando especificado, determinado. Exemplo:

A *água é boa* para a saúde.

"– Não viu o letreiro: 'É expressamente *proibida a entrada*'?" (C.D.A.)

8. EXCETO:

Era variável na linguagem arcaica; hoje imobilizou-se como preposição; é, portanto, invariável. Exemplo:

Todos foram nomeados escriturários, *exceto* dois.

9. EXTRA:

a) Como *adjetivo* significa suplementar; varia em número. Exemplo:

"A semana era comprida demais e podia pagar perfeitamente essas horas *extras*, não podia?" (Lygia Fagundes Telles)

b) Como *prefixo* latino é invariável e significa *fora de, além de*; é separado por hífen diante de:

vogal: extraoficial

h: extra-hospitalar

r: extrarregulamento

s: extrassensorial

Atenção: *extraordinário* foge à regra, segundo alguns; entretanto, já no Latim temos: extraordinarius, *a um*.

10. MEIO:

a) Como *numeral* concorda em gênero e número com o substantivo a que se relaciona. Exemplos:

"Criava em redor da casa um ou outro porquinho e *meia* dúzia de galinhas." (Monteiro Lobato)

"Tudo era pela metade: *meia* laranja, *meio* pão, *meia* banana, *meio* copo de leite, *meio* ovo..." (Osman Lins)

"A mãe de Letícia não teve *meias* palavras." (Fernando Sabino)

b) Como *advérbio* permanece invariável. Exemplos:

"Sentava calado, com a cara *meio* triste, um ar sério." (Rubem Braga)

"Existem maridos que são *meio* surdos: sempre que suas mulheres lhes pedem 50 eles só ouvem 25." (Leon Eliachar – humorista)

11. MENOS:

Em nenhum caso (adjetivo comparativo ou advérbio) esta palavra pode flexionar; a forma *menas* que encontramos várias vezes é incorreta. Exemplos:

Mais amor e *menos* confiança.

"Devora-se a infeliz *mísera* gente:

E sempre reduzida a *menos* terra." (Santa Rita Durão)

"A cidade, aliás, está parecendo mais civilizada: com *menos* gente, *menos* carros, dir-se-ia mais habitável..." (Cláudio Abramo)

12. MESMO:

a) Como adjetivo é variável e equivale a idêntico, igual, análogo. Exemplos:

"Os fantasmas não fumam, porque poderiam fumar a *si mesmos*." (Mário Quintana)

"A viagem do sono nem sempre é a *mesma* viagem." (Paulo Mendes Campos)

"Percorrera aquela *mesma* senda, aspirara aquele *mesmo* vapor que baixava denso do céu verde." (L. F. Telles)

b) Como advérbio é invariável e corresponde a *justamente, exatamente* ou *ainda, até*. Exemplos:

"Você esperneia, revolta-se – adianta? *Mesmo* sua revolta foi protocolada." (C.D.A.)

"Livro raro, *mesmo*, é aquele que foi emprestado e foi devolvido." (Plínio Doyle – humorista)

Obs.: Não se deve dizer: *conosco mesmos* ou *convosco mesmos*; o correto é: *com nós mesmos* e *com vós mesmos*.

13. OBRIGADO:

É forma adjetiva e, portanto, sempre variável tanto em gênero como em número. Exemplos:

"Está direito, seu Adão. Muito *obrigada*." (G. Ramos)

"Muito *obrigada*. Desculpe." (C.D.A.)

"*Obrigado, Senhor, obrigado...*" (Roberto Carlos)

14. POSSÍVEL:

a) Como adjetivo, varia em número. Exemplo:

"As alturas e o abismo são a fronteira dele: no meio estão todos os universos *possíveis*." (Alexandre Herculano)

b) Integrando a expressão "o mais possível", " o menos possível", "o melhor possível", "o pior possível", "quanto possível" etc., permanece invariável. Exemplo:

"A plataforma dos candidatos à presidência dos EUA é tornar a plataforma dos EUA a *maior possível*." (Ivan Lessa – humorista)

15. QUITE:

Forma do particípio passado do verbo *quitar*; flexiona-se em número. Exemplo:

Os alunos estão *quites* com a tesouraria da faculdade.

O aluno está *quite* com a tesouraria.

16. SALVO:

a) Como adjetivo, com o significado de *livre*, *liberto*, é variável. Exemplos:

Todos os refugiados foram *salvos*.

As mulheres foram *salvas* pelos bombeiros.

b) Como preposição, com o sentido de *exceto*, *com exceção de*, permanece invariável. Exemplos:

"... já quase inteiramente carioquizado, *salvo* na prosódia..." (Manuel Bandeira)

"Mas o que me brota espontaneamente da máquina, hoje, não interessa a ninguém, *salvo* a mim mesmo." (C.D.A.)

Obs.: Existe a locução *a salvo*, invariável.

17. SÓ:

a) Adjetivo, corresponde a *sozinho*, *único*, *solitário* e apresenta flexão de número. Exemplos:

"Outros estão *sós*, como tu, mas presos a uma inibição ou a uma disciplina." (C.D.A.)

"... sabia cozinhar, arrumar a casa e servir com eficiência a senhor *ó*." (Fernando Sabino)

b) Advérbio, corresponde a *somente*, *unicamente* e não se flexiona. Exemplos:

"Só não sai de moda quem está nu." (Mário Quintana)

"Vende-se uma cama de casal usada uma noite *só*." (Leon Eliachar)

Obs.: Existem as locuções *a só* e *a sós*, esta mais frequente. Exemplo:

"– Amigo João Brandão – disse pausadamente o homem quando ficaram *a sós*..." (C.D.A.)

164 Língua Portuguesa • Andrade e Henriques

18. VISTO:

a) Adjetivo: é variável em gênero e número. Exemplos:

Vistas as circunstâncias, recuamos.

Vistos os documentos, retiramo-nos.

b) Expressão invariável: *haja vista* significa *veja, observe, verifique*. Exemplos:

Vista é invariável na expressão *haja vista*.

"*Haja vista* minhas cartas de Inglaterra..." (Rui Barbosa)

"... *haja vista* os monumentos e as pirâmides que os faraós tinham a mania de construir." (J. J. Veiga)

19. LESO (É):

É adjetivo e, como tal, flexiona-se. Exemplos:

Cometeu crime de *leso-patriotismo*.

Cometeu crime de *lesa-pátria*.

O extermínio de crianças é crime de *lesa-humanidade*.

20. AMBOS:

Não há que duvidar: *ambos* é forma dual e, assim, a ideia de *dois* já se acha embutida na palavra. Deve-se, pois, evitar ambos *os dois* e ambas *as duas*, a não ser em caso de ênfase. Exemplo:

"*Ambos* consolam e esperançam os homens gravemente enfermos, os médicos e os sacerdotes." (Marquês de Maricá)

Notações sobre Ortografia, Prosódia e Algumas Dificuldades Gramaticais

NOTAÇÕES SOBRE ORTOGRAFIA

a) As palavras seguintes, com frequência, são grafadas incorretamente:

1. Asterisco (e não asterístico)
2. Bandeja (e não bandeija)
3. Beneficente (e não beneficiente)
4. Cabeleireira (e não cabeleileira)
5. Caderneta (e não cardeneta)
6. Chuchu (e não xuxu)
7. Cinquenta (e não cincoenta)
8. Dignitário (e não dignatário)
9. Disenteria (e não disinteria ou desinteria)
10. Empecilho (e não impecilho)
11. Estupro (e não estrupo)
12. Exceção (e não excessão)
13. Frustrado (e não frustado)
14. Irrequieto (e não irriquieto)
15. Lagarto (e não largato)
16. Meteorologia (e não metereologia)
17. Mendigo (e não mendingo)
18. Misto (e não mixto)
19. Mortadela (e não mortandela)
20. Pátio (e não páteo)
21. Por isso (e não porisso)
22. Prazerosamente (e não prazeirosamente)
23. Privilégio (e não previlégio)
24. Problema (e não pobrema)
25. Questão (e não questã)
26. Xifópago (e não xipófago)

b) As palavras seguintes apresentam, entre outras, duas formas corretas de grafia:

1. Alarme – alarma
2. Aluguel (aluguéis) – aluguer (alugueres)
3. Apalpar – palpar
4. Artilharia – artilheria
5. Assoalho – soalho
6. Assobio – assovio
7. Assoprar – soprar
8. Barbaria – barbárie
9. Bêbedo – bêbado
10. Bilhão – bilião
11. Bile – bílis
12. Calafrio – calefrio
13. Confeitaria – confeiteria
14. Carroçaria – carroceria
15. Crina – cliva
16. Covarde – cobarde
17. Dependurar – pendurar
18. Derme – derma
19. Despertar – espertar
20. Fagulha – faúlha
21. Flauta – frauta
22. Flecha – frecha
23. Gaze – gaza
24. Garage – garagem
25. Glúten – glute
26. Imundície – imundícia
27. Infantaria – infanteria
28. Hecatombe – hecatomba
29. Labareda – lavareda
30. Laje – lajem – lájea
31. Lavanderia – lavandaria

32. Marimbondo – maribondo
33. Miríade – miríada
34. Parênteses – parêntesis
35. Plêiade – plêiada
36. Porcentagem – percentagem
37. Presépio – presepe
38. Primaveral – primaveril
39. Quatorze – catorze

40. Quota – cota
41. Quotidiano – cotidiano
42. Ramalhete – ramilhete
43. Rubi – rubim
44. Taberna – taverna
45. Taramela – tramela
46. Trilhão – trilião

NOTAÇÕES QUANTO À PROSÓDIA

É preciso que se atente para a boa pronúncia de certas palavras:

A – *Oxítonas*

Chanceler
Gibraltar
Nobel
Novel (novo)

Recém
Refém
Suor (*o* aberto)
Ruim

B – *Paroxítonas*

Avaro
Aziago (funesto)
Barbárie
Batavo (holandês)
Boêmia
Caracteres
Cartomancia
Celtibero
Ciclope
Decano
Filantropo
Fluido
Gratuito
Ibero

Libido
Madagáscar
Maquinaria
Matula (bando)
Meteorito (fragmento de pedra)
Necropsia
Nefelibata (que anda nas nuvens)
Perito
Pudico
Rubrica
Sintaxe (ss)
Têxtil
Tulipa

C – *Proparoxítonas*

Ádvena (estrangeiro)
Álacre (alegre)
Álcali

Arquétipo
Autóctone
Azáfama (pressa)

Andrógino (com dois sexos) Crisântemo
Aríete Égide (proteção)
Êxodo Monólito (bloco de pedra)
Héjira (fuga de Maomé) Niágara
Hieróglifo Óbice (obstáculo)
Ínterim Ômega
Lêvedo Quadrúmano
Lúcifer (demônio) Zéfiro (vento brando)
Máximo (ss) Zênite (cume, ápice)

D – *Vocábulos com mais de uma pronúncia*

Acróbata – Acrobata Projétil – Projetil
Anidrido – Anidrido Réptil – Reptil
Autópsia – Autopsia Sóror – Soror
Ortoépia – Ortoepia Zângão – Zangão

ALGUMAS DIFICULDADES GRAMATICAIS

I – NOTAÇÕES SOBRE O USO DE *MAL* E *MAU*

A – Usa-se *mal* nos seguintes casos:

a) Como *substantivo* (opõe-se a *o bem*).

Assim varia em número (males) e, via de regra, vem precedido de artigo. Exemplos:

"O chato da bebida não é o *mal* que ela nos pode trazer, são os bêbados que ela nos traz." (Leon Eliachar)

"Para se trilhar o caminho do *mal* é indispensável não se importar com o congestionamento." (Fraga – humorista)

b) Como *advérbio* (opõe-se a *bem*).

Nesse caso, modifica o verbo, o adjetivo e o próprio advérbio. Exemplos:

"Andam *mal* os versos de pé quebrado." (Jaab – humorista)

"Varam o espaço foguetes *mal* intencionados." (Cecilia Meireles)

"Mendicância vai muito *mal*: falta de verba." (Sylvio Abreu – humorista)

168   Língua Portuguesa • Andrade e Henriques

c) Como *conjunção*.

Equivale, assim, a *quando*, *assim que*, *apenas*. Exemplos:

> *Mal* o São Paulo entrou em campo, foi delirantemente aplaudido.

> "*Mal* colocou o papel na máquina, o menino começou a empurrar a cadeira pela sala, fazendo um barulho infernal." (Fernando Sabino)

B – Usa-se *mau* nos seguintes casos:

a) Como *adjetivo* (opõe-se a *bom*).

Modifica o substantivo a que se relaciona. Exemplos:

> "Um bom romance nos diz a verdade sobre seu herói, mas um *mau* romance nos diz a verdade sobre seu autor." (Chesterton apud Josué Montello, *Diário da Tarde*)

> "Quando a previsão diz tempo bom, isso é *mau*." (Leon Eliachar –humorista) (adjetivo substantivado)

b) Como *substantivo* normalmente vem precedido de artigo. Exemplos:

> "Por que prender a Vida em conceitos e normas?

> O Belo e o Feio... o Bom e o *Mau*... Dor e Prazer..." (Mário Quintana)

> "... só que viera a pé e foi-se sentando, cansado talvez de cavalgar por montes e vales do Oeste, e de tantas lutas contra os *maus*..." (C.D.A.)

II – NOTAÇÕES SOBRE O USO DE *PORQUE* (E VARIAÇÕES)

A – Uso de *Porque*:

Com sentido causativo, isto é, quando for conjunção causal. Exemplos:

> "Vende-se um segredo e cofre a quem conseguir abrir o cofre, *porque* o dono não consegue." (Leon Eliachar)

> "Os macróbios são macróbios *porque* não acreditam em micróbios." (Mário Quintana)

B – Uso de *Por que*:

a) Nas interrogações. Exemplos:

> " – Diga-me cá, *por que* foi que você não apareceu mais lá em casa?" (Graciliano Ramos)

> "Elegante para outra: 'Seu vestido está muito chique, *por que* não o vestiu todo'?" (Leon Eliachar)

b) Como *pronome relativo*, equivalendo a *o qual, a qual, os quais, as quais*. Exemplos:

"Contavam fatos da vida, incidentes perigosos *por que* tinham passado." (José Lins do Rego)

"Todos conhecem o modo *por que* se vestem as negras da Bahia." (Manuel Antônio de Almeida)

C – Uso de *Por quê*:

a) No final de frase. Exemplos:

"Por que não me deixa em paz? Por quê?" (L. F. Telles)

"Sou a que chora sem saber *por quê*." (Florbela Espanca)

b) Isolado por uma pausa. Exemplo:

"Sem saber *por quê*, procurava a proteção que lhe faltara quando..." (Autran Dourado)

D – Uso de *Porquê*:

É substantivo e, então, varia em número; normalmente, o artigo o precede. Exemplos:

"Eu sem você não tenho *porquê*." (Vinicius de Moraes)

"Só mesmo Deus é quem sabe o *porquê* de certas vontades femininas, se é que ele consegue saber." (C.D.A.)

III – NOTAÇÕES SOBRE O USO DE *QUÊ* E *QUE*

A – Uso de *Quê*:

a) Como interjeição exclamativa (seguida de ponto de exclamação). Exemplo:

Quê! Você ainda não tomou banho?

b) No final de frase. Exemplos:

"Um perfume discreto e suave que acorda saudades nem a gente sabe de *quê*." (L. F. Telles)

"Medo de *quê*?" (José Lins do Rego)

170 Língua Portuguesa • Andrade e Henriques

c) Em caso de pausa. Exemplo:

"Feito o *quê*, virou mais um trago." (Rubem Braga)

d) Quando substantivo. Exemplos:

"Um *quê* misterioso aqui me fala." (Gonçalves Dias)

"A arte de escrever é, por essência, irreverente e tem sempre um *quê* de proibido..." (Mário Quintana)

B – Uso de *Que*:

Nos demais casos, usa-se a forma *que*. Exemplo:

"Da igreja – exclamou. *Que horror*!" (Eça de Queirós)

"E *que* sonho mau eu tive." (Humberto de Campos)

"Lúcia dera-se conta de *que* eu gostava de café..." (F. Namora)

IV – NOTAÇÕES SOBRE O USO DE *À TOA* E *À-TOA*

A – Uso de *À-toa*:

Funciona como adjetivo, modificando um substantivo. Exemplos:

" – Com certeza eram malinhas *à-toa*..." (C.D.A.)

"De resto, algumas palavras *à-toa*." (Adolfo Caminha)

"A onça não vale nada, seu Firmino, a onça é coisa *à-toa*." (Graciliano Ramos)

B – Uso de *À toa*:

Tem valor de advérbio e significa *sem rumo, a esmo, sem direção*. Exemplos:

"O doutor andava horas *à toa*." (José Lins do Rego)

"– O senhor mexeu na bomba *à toa*: é o dínamo que está esquentan-do." (Fernando Sabino)

V – NOTAÇÕES SOBRE *A, HÁ* E *AH*

A – Usa-se *Há*:

a) Com referência a tempo passado. Exemplos:

" – Estou muito doente. *Há* dez anos venho sofrendo de mal súbito." (Aldu – humorista)

"Isso aconteceu *há* quatro ou cinco anos." (Rubem Braga)

b) Quando é forma do verbo *haver*. Exemplos:

"O mais triste das prisões políticas é quando o advogado consegue o *habeas-corpus* para o seu cliente, já não *há* mais corpo." (Fraga – humorista)

"O garçom era atencioso, você sabia que *há* garçons atenciosos?" (C.D.A.)

B – Usa-se *a*:

Com referência a tempo futuro. Exemplos:

"... mas daí *a* pouco tinha a explicação." (Machado de Assis)

"Fui casado, disse ele, depois de algum tempo, e daqui *a* três meses posso dizer outra vez: sou casado." (Machado de Assis)

C – *Ah*:

Interjeição enfatizante. Exemplos:

"Ah, *ia* me esquecendo: um escritório funcional deve ter também uma secretária funcional." (Leon Eliachar – humorista)

"*Ah*! disse o velho com indiferença." (Machado de Assis)

VI – NOTAÇÕES SOBRE O USO DE *SENÃO* E *SE NÃO*

A – *Senão*:

Tal forma pode ser:

a) *Conjunção adversativa* com o sentido de *em caso contrário, de outra forma*; com o sentido de *mas sim* e com o sentido de *a não ser*. Exemplos:

"Cala a boca, mulher, *senão* aparece a polícia." (Rachel de Queiroz)

"Ele, a quem eu nada podia dar *senão* minha sinceridade, ele passou a ser uma acusação de minha pobreza." (Clarice Lispector)

b) *Substantivo*, com o sentido de *falha, defeito, imperfeição*. Admite, então, flexão e número. Exemplo:

"Esfregam as mãos, têm júbilos de solteironas histéricas, dão pulinhos, apenas porque encontram *senões* miúdos nas páginas que não saberiam compor." (Josué Montello)

B – *Se não*:

Trata-se de:

a) Se – *conjunção condicional.*
b) Não – *advérbio de negação.* Exemplo:

> "Os ex-seminaristas, como os ex-padres, permanecem ligados indissoluvelmente à Igreja. *Se não* pela fé – pelo rito." (Josué Montello)

> "*Se não fosse* Van Gogh, o que seria do amarelo?" (Mário Quintana)

VII – NOTAÇÕES SOBRE O USO DE *ONDE, AONDE, DONDE*

A – *Onde*:

Usa-se com os verbos chamados de repouso, situação, fixação, como o verbo ser e suas modalidades (estar-permanecer) e outros (ficar, estacionar etc.); corresponde a lugar *no qual* (*ubi*, em latim). Exemplos:

> "*Onde* foi inventado o feijão com arroz?" (Clarice Lispector)

> "Vende-se uma bússola enguiçada. Infelizmente não sei *onde* estou, senão não venderia a bússola." (Leon Eliachar)

B – *Aonde*:

Usa-se com verbos chamados de movimento, como ir, andar, caminhar etc.; corresponde a lugar *ao qual* (latim *quo*). Exemplos:

> "Tal prática era possível na cidade *aonde* ainda não haviam chegado os automóveis." (Manuel Bandeira)

> "Se chegares sempre *aonde* quiseres, ganhaste." (Paulo Mendes Campos)

> **Obs.**: Entre os clássicos não se observa bem tal distinção, segundo lição de Fausto Barreto (1957, p. 270).

C – *Donde*:

Equivale a *de onde* e apresenta ideias de afastamento; corresponde a lugar *do qual* (latim *unde*) Exemplos:

> "Tomás estava, mas encerra-se no quarto, *donde* só saíra..." (Machado de Assis)

> "Às vezes se atiram a distantes excursões *donde* regressam com uma enorme jaca." (Manuel Bandeira)

VIII – NOTAÇÕES SOBRE O USO DE *MAS, MÁS, MAIS*

A – *Mas*:

É *conjunção adversativa* (ideias de oposição, retificação). Exemplos:

"Sinto muito, doutor, *mas* não sinto nada." (Aldu – humorista)

"O dinheiro não traz felicidade, *mas* acalma os nervos."

B – *Más*:

Plural feminino de *mau*. Exemplos:

"Não tinha *más* qualidades, ou se as tinha, eram de pouca monta." (Machado de Assis)

"Não há coisas, na vida, inteiramente *más*." (Mário Quintana)

C – *Mais*:

Advérbio de intensidade. Exemplo:

"As fantasias *mais* usadas no carnaval são: homem vestido de mulher e mulher vestida de nada." (Leon Eliachar – humorista)

IX – NOTAÇÕES SOBRE O USO DE *A CERCA, ACERCA, CERCA DE* E *HÁ CERCA DE*

A – *A cerca*:

Trata-se do artigo *a* e do substantivo *cerca*. Exemplo:

"Certos decretos sarneicos exigem tanta burocracia que, na verdade, decretam a falência – *a cerca* fica mais cara que o cercado." (Millôr Fernandes – humorista)

"Cobrindo *a cerca* alta, um jasmineiro todo estrelado de flores." (Rachel de Queiroz)

B – *Acerca*:

É advérbio com o sentido de: a respeito de, com referência a, perto de. Exemplos:

"Aludia às conversas que tiveram ambos os velhos *acerca* do enlace matrimonial dos pequenos." (Machado de Assis)

"Na rua interrogado *acerca* de longa ausência, não achou resposta adequada..." (idem)

C – *Cerca de*:

É o mesmo que *acerca de*. Exemplos:

"Durou a cena *cerca de* vinte minutos." (Machado de Assis)

"Entrava nos seus dezoito anos, e contava já *cerca de* seis namoros consecutivos." (idem)

D – *Há cerca de*:

Verbo haver e locução prepositiva (cerca de): aproximadamente, perto de, mais ou menos. Exemplos:

"Falei *há cerca de* vinte minutos sobre o mesmo assunto."

Há cerca de vinte minutos fiz uma viagem à Europa.

X – NOTAÇÕES SOBRE O USO DE *A PAR* E *AO PAR*

A – *A par*:

Tem o significado de conhecer, saber, tomar conhecimento, ao lado de. Exemplo:

Estamos *a par* da evolução técnica.

"Trata-se, *a par* de uma lição elementar de jornalismo, de um recurso legítimo e legal." (*Isto É/Senhor*, 22 fev. 1989)

B – *Ao par*:

Tem o significado de igualdade, paridade de valor. Exemplo:

O câmbio está *ao par*.

XI – NOTAÇÕES SOBRE *AFIM* E *A FIM* DE

A – *Afim*

É adjetivo com o sentido de conexo, próximo. Exemplo:

"... era meu parente *afim*, interrogou-nos de cara amarrada e mandou-nos embora." (C.D.A.)

B – *A fim de (a fim de que)*:

É locução prepositiva: equivale a *para* (finalidade). Exemplo:

Viajou *a fim* de se esconder.

"Metade da massa ralada vai para a rede da goma, *a fim de* se lhe tirar o excesso de amido." (Rachel de Queiroz)

XII – NOTAÇÕES SOBRE O USO DE *TODO* E *TODO O*

A – *Todo (toda)*:

Corresponde a *qualquer*, com ideia de generalização, de totalidade numérica. Exemplos:

"Todo nordestino fica danado da vida quando..." (Rachel de Queiroz)

"... *todo* viajante é boquiaberto por definição." (C.D.A.)

"*Todo* político sábio fala duas vezes antes de pensar." (Millôr Fernandes)

B – *Todo o, toda a*:

Corresponde a *inteiro*, *total*, com ideia de especificação, de totalidade das partes. Exemplo:

"Minhas senhoras, eu tenho sessenta anos e já li *todos os* grandes poemas de *todas as* literaturas; li *todo o* Homero, *todo o* Virgílio..."

Obs.: Não se fazia tal distinção entre os clássicos; hoje, porém, é um fato da linguagem brasileira, segundo Almeida Tôrres.

XIII – NOTAÇÕES SOBRE O USO DE *A PRINCÍPIO* E *EM PRINCÍPIO*

A – *A princípio*:

Tem conotação temporal, equivalente a *no começo*. Exemplos:

"*A princípio*, o território neutro do edifício Jandaia era ocupado por mamães e babás..." (C.D.A.)

"*A princípio* dizia-se que ele era médico." (José Lins do Rego)

B – *Em princípio*:

Tem conotação concessiva, com ideia de aceitação. Exemplos:

"... continua, pois um elefante morto é, *em princípio*, tão elefante como qualquer outro." (Rubem Braga)

"... mas como ele aceitava *em princípio* a sua corte, estava Alberto resolvido a pleitear a causa." (Machado de Assis)

XIV – NOTAÇÕES SOBRE O USO DE *SEQUER* E *SE QUER*

A – *Sequer*:

É advérbio e significa *ao menos, pelo menos*. Exemplos:

"... D. Feliciana duvidava uma vez *sequer* do marido..." (Machado de Assis)

"Não via a mulher, nem o lugar, nem o instrumento *sequer*..." (idem)

B – *Se quer*:

Trata-se da conjunção se mais a 3ª pessoa do singular do verbo *querer*. Exemplo:

"*Se quer* ir à Itália, leia sobre ela o que está nos livros." (Domingos Barbosa)

XV – NOTAÇÕES SOBRE O USO DE *SOBRE* E *SOB*

A – *Sob*:

Significa *debaixo de* ou *a respeito de, em hipótese*. Exemplos:

"*Sob* o sol forte, as cigarras cantavam nas árvores da Avenida Presidente Wilson, defronte da Academia." (Josué Montello)

"Usa vestido elegante, *sob* a capa elegante." (C.D.A.)

B – *Sobre*:

Significa *em cima de, na parte superior de, a respeito de*. Exemplos:

"Uma delicada leitora me escreve: não gostou de uma crônica minha, de outro dia, *sobre* dois amantes que se mataram." (Rubem Braga)

"Todo o céu fica a noite inteira *sobre* o último andar." (Cecília Meireles)

Apêndice – Lembretes Gramaticais **177**

XVI – NOTAÇÕES SOBRE O USO DE *TRÁS* E *TRAZ*

A – *Trás*:

É preposição e significa *depois de, após*; corresponde a *atrás*. Exemplos:

"Por *trás* dele o pescador de bigodes brancos me faz sinal para não comprar." (Rubem Braga)

"Um dia os militares inventarão um projétil tão perfeito que dará volta ao mundo e os pegará por *trás*..." (Mário Quintana)

B – *Traz*:

É a terceira pessoa do singular do presente do indicativo ou segunda do singular do imperativo do verbo *trazer*. Exemplos:

"O dinheiro não *traz* felicidade. Manda buscar." (Aldu – humorista)

"Garçom, me traz um prato com menos 3,9% de arroz, 7,8% de feijão e 42,5% de carne, para compensar a alta dos preços." (Leon Eliachar)

XVII – NOTAÇÕES SOBRE O USO DE *Ó* E *OH*!

A – *Ó*:

É interjeição e acompanha, facultativamente, o vocativo. Exemplos:

"Mas, meu São Luís de Camões, *ó* caminhos da vida, sempre errados." (Paulo Mendes Campos)

"Ei-lo, o teu defensor, *ó* liberdade." (Mendes Leal)

B – *Oh*!:

Interjeição e supõe a presença do ponto de exclamação. Exemplos:

"*Oh*! sonho não foi esse..." (Almeida Garrett)

"*Oh*! se eu lhe contar a minha situação, compreenderia a singularidade da minha conversa." (Machado de Assis)

XVIII – NOTAÇÕES SOBRE O USO DE *TAMPOUCO* E *TÃO POUCO*

A – *Tampouco*:

Advérbio de valor negativo (muito menos). Exemplo:

Não o atendi, *tampouco* abri a porta.

B – *Tão pouco*:

O *tão* é apenas reforçativo; é advérbio de intensidade: Exemplo:
Tão pouco tempo é a vida.

XIX – NOTAÇÕES SOBRE O USO DE *AO ENCONTRO DE* E *DE ENCONTRO A*

A – *Ao encontro de*:

Estabelece relação de harmonia, concordância. Exemplo:
A proposta veio *ao encontro de* meu desejo.

B – *De encontro a*:

Estabelece relação de oposição, discordância. Exemplo:
O carro *bateu de encontro* ao muro.

XX – NOTAÇÕES SOBRE O USO DE *DEMAIS* E *DE MAIS*

A – *Demais*:

Pode ser:

a) *Advérbio*: ideia de modo ou intensidade (em excesso, em demasia). Exemplo:

"O bonde vinha cheio até *demais*..." (Mário de Andrade)

b) *Pronome*: equivale a *restantes, os outros*. Exemplo:

Morreram cinquenta, os demais desapareceram.

c) *Preposição*: equivale a *além de*. Exemplo:

Demais de ser rico, é bondoso.

B – *De mais*:

É advérbio de quantidade. Exemplo:

"Comprei calças *de mais*." (Napoleão M. de Almeida)
"Acha-me vírgulas *de mais*." (Rui Barbosa)

Obs.: encontram-se nos bons escritores a forma *ademais* com valor de *além disso* (locução adverbial). Exemplo:

"*Ademais*, começava a sentir-se um traidor..." (Érico Veríssimo)

Observações sobre Conjugação, Concordância e Regência de Alguns Verbos

1. Verbos em *UIR*:

Grafam-se na terceira pessoa do singular do presente do indicativo com *i* (contribui, possui, conclui, estatui). Exemplos:

"Pelos civilizados de hoje, *conclui-se* que o berço da civilização deve ter sido uma jaula." (Fraga – humorista)

"Não te abras com teu amigo
Que ele um outro amigo tem
E o amigo de teu amigo
Possui amigos também." (Mário Quintana)

2. Verbos em *EAR*:

Intercala-se-lhes um *i* eufônico nas seguintes formas:

Presente do indicativo e presente do subjuntivo, nas três pessoas do singular e na terceira do plural. Exemplos:

"Um adjetivo *clareia* com espontaneidade de espelho: bonita." (C.D.A.)

"Pensei compreender por que os noivos se *presenteiam*, por que o marido faz questão de dar conforto à esposa..." (Clarice Lispector)

Obs.: O mesmo vale para o imperativo que se forma do presente do indicativo e do presente do subjuntivo.

3. Verbos em *IAR*:

Intercala-se um e eufônico em cinco desses verbos no presente do indicativo e presente do subjuntivo, nas três pessoas do singular e na terceira do plural.

Tais verbos são: *odiar, remediar, incendiar, ansiar* e *mediar*. Exemplos:

"... e o quati só não percebe que o *odeia* porque está virtualmente confuso." (Clarice Lispector)

"Tudo que me ameace de mudar-me

Para melhor que seja, *odeio* e fujo." (F. Pessoa)

"Cada vez que morre um velho africano é uma biblioteca que se *incendeia*." (Lygia Fagundes Telles)

4. Verbo *Prover*:

Embora composto de *ver*, dele se afasta no pretérito perfeito, no mais-que-perfeito, no imperfeito do subjuntivo e no particípio passado.

Perfeito do indicativo	*Particípio*
provi	provido
proveste	
proveu	
provemos	
provestes	
proveram	

Exemplo:

"Foi *provido* uma cadeira jurídica da Faculdade do Recife..." (Fausto Barreto)

5. Verbo *Requerer*:

Afasta-se do seu modelo *querer* no presente do indicativo e no imperativo afirmativo, mais-que-perfeito do indicativo e futuro do subjuntivo e nas formas do perfeito do indicativo.

Presente do indicativo	*Perfeito do indicativo*
requeiro	requeri
requeres	requereste
requer	requereu
requeremos	requeremos
requereis	requerestes
requerem	requereram

Exemplos:

Requeiro hoje minha aposentadoria.

"Porque o escrever – tanta perícia

Tanta *requer*..." (Olavo Bilac)

Apêndice – Lembretes Gramaticais **181**

6. Verbo *Falir*:

Só é conjugado nas formas em que aparece a vogal *i*.

Assim:

Presente do indicativo · *Presente do subjuntivo*

falimos

falis

(não existe)

Exemplos:

"Comerciante para outro: 'meu sócio *faliu* porque não podia contratar uma secretária, eu *fali* porque contratei uma." (Leon Eliachar)

"Mas deixai-me confessar que me sinto um tanto *falido* com o Camiseiro." (C.D.A.)

7. Verbo *Intervir*:

É composto de *vir* e merece cuidado nas formas abaixo:

Perfeito do indicativo · *Particípio passado*

intervim

intervieste

interveio

interviemos

interviestes

intervieram

intervindo

Gerúndio

intervindo

Exemplos:

"Os itinerários se alteram, personagens inéditas *intervêm* nos debates..." (Paulo Mendes Campos)

"Foi então que a mulher do sueco *interveio*..." (Fernando Sabino)

8. Verbo *Ver*:

É muito comum a confusão do futuro do subjuntivo do verbo *ver* com o verbo *vir*. No exemplo seguinte temos o futuro do subjuntivo do verbo *ver*:

vir

vires

vir

virmos

virdes

virem

182 Língua Portuguesa • Andrade e Henriques

Atenção também para a terceira pessoa do plural do presente do indicativo: *veem*. Exemplo:

"*Veem* o inimigo, perdem a cabeça e saem em disparada..." (Fernando Sabino)

Obs.: O mesmo vale para os compostos.

9. Verbo *Vir*:

Futuro do subjuntivo:
vier
vieres
vier
viermos
vierdes
vierem

Obs.: Cuidado com a terceira pessoa do plural do presente do indicativo: *vêm*. O mesmo vale para os compostos. Exemplo:

"Essas reminiscências de leitura *vêm* comigo através de quartos, salas e corredores na casa de Lope de Vega." (Josué Montello)

10. Verbo *Constar*:

a) No sentido de *consistir, figurar* é conjugado em todas as pessoas. Exemplo:

"Como seriam belas as estátuas equestres se *constassem* apenas de cavalos." (M. Quintana)

b) No sentido de ser *notório, ocorrer*, só se usa nas terceiras pessoas. Exemplo:

"*Consta* mesmo que teria entrado no 'Santa Maria' como paralítico, levado numa cadeira de rodas." (Josué Montello)

11. Verbo *Computar*:

Segundo alguns (Otelo Reis, por exemplo), é defectivo no presente do indicativo; outros (Cândido Jucá Filho, por exemplo) o consideram pessoal. Exemplo:

"A estatística *computa* o papel em setecentos mil contos." (Rui apud Cândido Jucá Filho)

Apêndice – Lembretes Gramaticais **183**

12. Verbo *Polir*:

É conjugado em todas as formas e pessoas. Exemplo:

"E a verdade é que Lope de Vega, segundo se depreende dos exames de seus manuscritos, limava e *polia* o que lhe fluía da pena..." (Josué Montello)

13. Verbos *Abolir* e *Colorir*:

Conjugam-se apenas nas formas em que aparecem *e* ou *i*.

Daí, por exemplo:

Presente do indicativo	*Perfeito do indicativo*
aboles	aboli
abole	aboliste
abolimos	aboliu
abolis	abolimos
abolema	bolistes
aboliram	

Exemplos:

"Tudo *aboli* e fiz a experiência das férias..." (C.D.A.)

"... e a cor que escorre dos meus dedos *colore* as areias desertas." (Cecília Meireles)

14. Verbo *Gerir*:

Presente do indicativo

giro
geres
gere
gerimos
geris
gerem

Exemplo:

"... tio Olavo se mudaria para ela e ficaria gerindo os nossos pequenos bens." (Viriato Corrêa)

15. Verbo *Jazer*:

O verbo é completo; conjuga-se em todas as pessoas; veja-se, por exemplo, o presente do indicativo:

jazo
jazes
jaz
jazemos
jazeis
jazem

Exemplos:

"Aqui *jaz* a turma do deixa-disso." (Dirceu – humorista)

"Seus escritos puramente literários *jazem* dispersos pelas revistas e jornais do tempo..." (Fausto Barreto)

16. Verbo *Frigir*:

No presente do indicativo, a vogal *i* da penúltima sílaba muda-se em *e*. Então:

Presente do indicativo	*Particípio passado*
frijo	frigido e frito
freges	
frege	
frigimos	
frigis	
fregem	

Exemplo:

"Quem não se mantiver a par de tudo isso está *frito*." (C.D.A.)

17. Verbo *Enxaguar*:

Há discrepâncias quanto à conjugação de aguar e, consequentemente, de *desaguar* e *enxaguar*. Salvo a autoridade e a argumentação contrárias, entendemos se deva seguir o Vocabulário Ortográfico da Academia de 1943, que adota o uso do povo, por analogia com *água*.

Assim temos:

Presente do indicativo	Presente do subjuntivo
enxáguo	enxágue
enxáguas	enxágues
enxágua	enxágue
enxaguamos	enxaguemos
enxaguais	enxagueis
enxáguam	enxaguem

"E não será esta uma das razões por que, quanto mais nos aproxima-mos da foz inevitável em que o rio da Vida *deságua* no oceano..." (Vivaldo Coaracy)

18. Verbo *Averiguar* (apurar, verificar):

Atenção para as formas seguintes:

Perfeito do indicativo	Presente do subjuntivo
averiguei	averigúe
averiguaste	averigúes
averiguou	averigúe
averiguamos	averiguemos
averiguastes	averigueis
averiguaram	averigúem

Exemplo:

A polícia *averiguou* a denúncia.

19. Verbo *Infringir* (desobedecer, desrespeitar):

O paradigma do verbo *infringir* é o verbo *dirigir*.

Obs.: Cuide-se para não se confundir o verbo *infringir* com o verbo *infligir* (aplicar, impor uma pena).

Obs.: Outras dificuldades sobre a conjugação de verbos podem ser resolvidas com *Breviário da conjugação de verbos*, de Otelo Reis; *Dicionário prático de verbos conjugados*, de Segismundo Spina.

Verbos Abundantes

Vários verbos abundantes apresentam formas *duplas* ou *triplas* no particípio passado. Eis alguns exemplos:

Entregar: Entregado – Entregue

Exemplo:

"Recomendou que o fogão fosse *entregue* na hora..." (C.D.A.)

Pagar: Pagado – Pago

Exemplo:

"... pois já reparei que as maiores compras são sempre *pagas* nele..." (C.D.A.)

Obs.: *Pagado* já é forma desusada.

Expulsar: Expulsado – Expulso

Exemplo:

"Felistoso foi *expulso* a bofetões e pontapés." (José Cândido de Carvalho)

Prender: Prendido – Preso

Exemplo:

"Foi *preso* no Muro da Vergonha um oficial alemão que não tinha vergonha." (Leon Eliachar)

Resolver: Resolvido – Resoluto

Exemplo:

"Então fica *resolvido* assim: mais tarde eu resolvo." (Fernando Sabino)

Concluir: Concluído – Concluso

Exemplo:

"... tomou a resolução de não responder senão depois de *concluído* o casamento..." (Machado de Assis)

Obs.: *Concluso* é forma que se petrificou na linguagem jurídica.

Imprimir: Imprimido – Impresso

Exemplo:

"Não passam de nove as comédias de Martins Pena que foram *impressas*..." (Fausto Barreto)

Distinguir: Distinguido – Distinto

Exemplo:

"... e ultimamente fora *distinguido* com o diploma de doutor por uma universidade dos Estados Unidos." (Fausto Barreto)

REGRA PARA USO DE TAIS PARTICÍPIOS

a) Com o auxiliar *Ter* ou *Haver* (tempo composto), usa-se, geralmente, a forma regular (mais longa). Exemplo:

"Por que *tinha* ele *suspendido* a leitura?" (Graciliano Ramos)

b) Com o auxiliar *Ser* ou *Estar* (voz passiva), usa-se, geralmente, a forma irregular (mais curta). Exemplo:

"O sonho *foi morto* a cacetadas de bacalhau com batatas." (José Cândido de Carvalho)

OBSERVAÇÕES:

1. Algumas dessas formas caíram em desuso:

ganhado – pagado – salvado – gastado, além de outras.

2. Outras formas de particípio imobilizaram-se como substantivos ou adjetivos:

o aceite	verdade absoluta
o defunto	homem dissoluto
o finado	vinho tinto
o correto	homem distinto
o extinto	água benta

Exemplos:

"... e ouvindo a conversa de amigos que recordavam casos da vida agitada e boêmia do *extinto*." (Manuel Bandeira)

"O milagre não é dar vida ao corpo *extinto*,

Ou luz ao cego, ou eloquência ao mudo...

Nem mudar a água pura em vinho *tinto*...

Milagre é acreditarem nisso tudo!" (Mário Quintana)

Os Verbos Fazer e Haver

I – VERBO *FAZER*

O verbo *fazer* em sentido *temporal*, na indicação de tempo passado, induz alunos e até mesmo professores a erro; é comum colocá-lo no plural quando, de fato, ele é *impessoal* e, assim, deve permanecer na terceira pessoa do singular. Exemplos:

> "Coube a Picasso explicar a acolhida da Academia:
>
> – É que já *faz* cem anos que ele se candidatou." (apud Josué Montello, *Diário da tarde*)
>
> "Oito dias *faz* hoje que Cristo o ressuscitou." (Vieira)

Obs.: *cem anos* e *oito dias* são objetos diretos; o verbo *fazer* nos exemplos acima não tem sujeito.

II – VERBO *HAVER*

Cumpre lembrar que o verbo *haver* é *impessoal* nos seguintes casos:

a) Em sentido *existencial*, isto é, quando equivale ao verbo *existir*. Exemplo:

> "*Há* muitos sonhos em cada casa." (Cecília Meireles)
>
> "Na reunião de pais, só *havia* mães." (Fernando Sabino)

Obs.:

- *sonhos* e *mães* são objetos diretos do verbo *haver*.
- o verbo *haver* impessoal transmite sua impessoalidade ao verbo auxiliar que o acompanha.

Veja-se um exemplo em um de nossos hinos patrióticos:

> "Nós nem cremos que escravos outrora
>
> *Tenha* havido em tão nobre país."

Outro exemplo:

No plural:

> "Não *pode* haver *umas* sem as outras." (Vivaldo Coaracy)
>
> "No mundo não *deve haver* povos amigos, povos inimigos, só *deve* haver irmãos." (Viriato Corrêa)

Atenção: O mesmo vale para o verbo *fazer*. Exemplo:

"*Está* fazendo 40 anos que Graça Aranha proferiu na Academia Brasileira a sua conferência sobre o 'Espírito Moderno'..." (Josué Montello)

b) Em sentido *temporal* equivalendo ao verbo *fazer*. Exemplo:

"Choveu *há* pouco e o perfume das flores vem úmido. Intenso." (Lygia Fagundes Telles)

"Paulista sou, *há* quatrocentos anos." (Alcântara Machado)

III – VERBO *EXISTIR*

O verbo *existir* é pessoal; conjuga-se, pois, em todas as pessoas do singular e do plural. Exemplo:

"Entre nós *existiam* pontos de contato na sorte, e talvez existissem, também, igualmente, de sentimentos no coração." (Viriato Corrêa)

Regência de Alguns Verbos

1. Regência verbal é a relação de dependência que se estabelece entre o complemento (palavra regida) e o verbo (palavra regente).
2. Verbos *com* variação de regência e *sem* variação de significado.

Alguns exemplos:

Casar	sentido	regência
Exs.: "Vai casar?" (Machado de Assis)	desposar unir-se ligar-se harmonizar-se	intransitivo
"... minha ideia é que os homens deviam casar com senhoras viúvas." (Machado de Assis)	idem	transitivo indireto
"Titia não a quer casar antes dos vinte." (Machado de Assis)	idem	transitivo direto
"... o seu temperamento casava-se bem à vertigem das cargas..." (Euclides da Cunha)	idem	transitivo direto e indireto

Esquecer	sentido	regência
Exs.: "Mas a mãe nunca pudera esquecer a tribo, e chorava." (Cecília Meireles)	perder a lembrança abandonar deixar relegar	transitivo direto
"Seja franco, doutor, tenho ou não tenho razão de me esquecer de que me lembro das coisas?" (Leon Eliachar – humorista)	o mesmo	transitivo direto e indireto
Obs.: Vale o mesmo para os verbos *recordar* e *lembrar*. Estamos assinalando apenas os casos de regência mais comuns.		

Informar	sentido	regência
Exs.: "Informa-os do andamento dos trabalhos..." (Euclides da Cunha)	comunicar avisar noticiar	transitivo direto e indireto
"Lamento informar-lhe, doutor, que agora só consigo dormir no seu divã." (Leon Eliachar – humorista)	idem	idem
Obs.: Vale o mesmo para os verbos *certificar* e *cientificar*.		

Perdoar	sentido	regência
Exs.: "Se perdoou ao filho foi por causa do padre." (Machado de Assis)	absolver desculpar escusar	transitivo indireto
Deus perdoa os pecados.	o mesmo	transitivo direto
"Você me perdoa a falta de palavra." (Pedro Calmon)	o mesmo	transitivo direto e indireto
Obs.: Vale o mesmo para o verbo *pagar*. *Perdoar* tem voz passiva.		

Responder	sentido	regência
Exs.: "Interrompo o diálogo na fazenda para responder ao bilhete que acabo de receber..." (C.D. A.)	corresponder comunicar-se	transitivo indireto
"Não sabia respondê-los." (Euclides da Cunha)	idem	transitivo direto

Apêndice – Lembretes Gramaticais **191**

3. Verbos com variação de regência e significado.

Aspirar	sentido	regência
Exs.: "A felicidade perfeita a que aspirei..." (Graciliano Ramos)	desejar querer anelar pretender	transitivo indireto
"Aspirei seu indescritível odor de Tempo e História." (Érico Veríssimo)	respirar inalar cheirar sorver	transitivo direto
"Na manhã sadia, o homem de barbas poentas, entronado na carrocinha, aspirou forte." (João Alphonsus)	soprar	intransitivo

Assistir	sentido	regência
Exs.: "Assistimos ao final do jantar (mineiros e precavidos, já tínhamos jantado)." (C.D.A.)	presenciar ver	transitivo indireto
"... sendo enviado a Carlos V, que então assistia em Bruxelas..." (M. Bernardes)	morar residir	intransitivo
"Somente minha mãe assiste o filho enfermo." (Josué Montello) "Assistia pouca gente pela redondeza, todos conhecidos..." (Bernardo Élis)	socorrer ajudar atender assessorar	transitivo direto
"Leonor assistiu-lhe na enfermidade..." (Camilo)	o mesmo	transitivo indireto
"Ao dono da loja assiste razão de gabar-se..." (C.D.A.)	competir caber	transitivo indireto

Atender	sentido	regência
Exs.: "As mucamas faziam prodígios, atendendo a um e a outro." (Coelho Neto)	servir	transitivo direto
O juiz não atendeu o pedido.	deferir aceitar	transitivo indireto

Custar	sentido	regência
Exs.: "Não custava nada levá-lo." (Fernando Sabino)	valer importar	transitivo direto
"Custa-me dizer que acendeu um cigarro." (Macha-do de Assis)	ser penoso ser difícil	transitivo indireto

Declinar	sentido	regência
Exs.: "Eram dadas cinco da tarde, a calma declina-va..." (Almeida Garrett)	baixar desaparecer pôr-se	intransitivo
"Eleito governador, ao volver da campanha, em 1834, declinou da honra..." (Rui Barbosa)	recusar	transitivo indireto
"O Latim, declinando tanto, só podia acabar." (Dir-ceu – humorista)	flexionar	intransitivo
"E declinando o seu nome, apertou pela primeira vez a mão do diretor..." (Josué Montello)	dizer relatar referir	transitivo direto

Deparar	sentido	regência
Exs.: "E foi quando surpreendidos deparamos com a mesa." (Clarice Lispector)	encontrar ver cruzar	transitivo indireto
Não deparou solução ao problema.	o mesmo	transitivo direto e indireto
Depararam-se várias oportunidades de fuga ao preso.	oferecer aparecer	transitivo indireto
Obs.: Não se diz: deparar-se com.		

Entender	sentido	regência
Exs.: Entendi o raciocínio.	compreender captar	transitivo direto
Entende de álgebra.	estar a par conhecer	transitivo indireto
Entende-se bem com a esposa.	comunicar-se concordar harmonizar-se	transitivo direto e indireto

Apêndice – Lembretes Gramaticais **193**

Gostar	sentido	regência
Exs.: "De quem você gosta mais, do papai ou da mamãe?" (Fernando Sabino)	apreciar amar ter afeto	transitivo indireto
Repeli o vinho depois que o gostei.	experimentar provar	transitivo direto

Precisar	sentido	regência
Exs.: "Precisa-se de secretária. Pega-se bem. Perdão, paga-se bem." (Leon Eliachar)	necessitar carecer	transitivo indireto
Convém precisar os fatos.	esclarecer especificar determinar	transitivo direto

Proceder	sentido	regência
Exs.: "... procedeu, no ponto de vista em que se colocava, com uma lógica cruel." (Machado de Assis)	comportar-se agir	intransitivo
"... procedeu-se a eleições gerais no país." (Afonso Celso)	convocar marcar estabelecer	transitivo indireto
A água procede da montanha.	originar-se vir de	intransitivo
O argumento não procede.	valer ter base ter fundamento	intransitivo

Querer	sentido	regência
Exs.: "As crianças querem mimo." (Aulete)	desejar aspirar a	transitivo direto
"Querendo com amor ao idioma..." (Rui Barbosa)	amar ter afeto gostar prezar	transitivo indireto

Visar	sentido	regência
Exs.: "... visamos ao mesmo norte." (Machado de Assis)	almejar pretender querer	transitivo indireto
O soldado visou o alvo.	mirar apontar	transitivo direto
O gerente visou o cheque.	assinar dar o visto	transitivo direto

4. Outros verbos.

Namorar	sentido	regência
Exs.: "Todos os dias, à tarde, eu vou namorar o carneiro." (Virato Corrêa)	ter afeto gostar amar	transitivo direto
Ela namora muito.	o mesmo	intransitivo
Obs.: Namorar *com* alguém é forma incorreta.		

Preferir	sentido	regência
Ex.: "Capitu preferiu tudo ao seminário." (Machado de Assis)	ter predileção escolher	transitivo direto e indireto
Obs.: Não se diz preferir *mais* alguma coisa *do que* outra. Preferir *mais* é redundância; o *do que* explica-se pela analogia com o verbo *gostar*.		

Simpatizar	sentido	regência
Ex.: "Sempre tive a impressão de que, por algum motivo imperdoável, ela não simpatizava comigo." (Rubem Braga)	ter afeto gostar amar	transitivo indireto
Obs.: Não se diz simpatizar-*se* com.		

BIBLIOGRAFIA

ABRAMO, Cláudio. *A regra do jogo*: jornalismo e a ética do marceneiro. São Paulo: Companhia das Letras, 1988.

ABRAMOVICH, F. (Org.) *O mito da infância feliz*. São Paulo: Summus, 1983.

ACADEMIA BRASILEIRA DE LETRAS. *Vocabulário ortográfico da língua portuguesa*. Rio de Janeiro: Bloch, 1981.

ALENCAR, José de. *Senhora*. Rio de Janeiro: Tecnoprint, [199?].

ALI, M. Said. *Gramática elementar da língua portuguesa*. 9. ed. São Paulo: Melhoramentos, 1966.

ALMEIDA, Antonio Fernando de. *Português básico para cursos superiores*. 2. ed. São Paulo: Atlas, 1981.

ALMEIDA, Napoleão Mendes de. *Dicionário de questões vernáculas*. São Paulo: Caminho Suave, 1981.

ANDRADE, C. Drummond de. *Poesia completa e prosa*. 3. ed. Rio de Janeiro: Aguilar, 1973.

_____. *Reunião*. 9. ed. Rio de Janeiro: José Olympio, 1978.

ARANHA, Graça. O espírito moderno. In: BARRETO, F.; LAET, C. *Antologia nacional*. 34. ed. Rio de Janeiro: Francisco Alves, 1957.

ARANHA, M. L. de Arruda; MARTINS, M. H. P. *Filosofando*: introdução à filosofia. São Paulo: Moderna, 1986.

196 Língua Portuguesa • Andrade e Henriques

ARGYLE, Michael; TROWER, Peter. *Tu y los otros*: formas de comunicación. Série La Psicologia y tu. (s.n.b).

BAKHTIN, Mikhail. *Marxismo e filosofia da linguagem*. São Paulo: Hucitec, 1979.

BANDEIRA, Manuel. *Poesia completa e prosa*. Rio de Janeiro: Aguilar, 1974.

BARBOSA, J. C. Tadeu. *O que é justiça?* São Paulo: Abril Cultural: Brasiliense, 1984.

BARBOSA, Maria Aparecida. *Língua e discurso*. 2. ed. São Paulo: Global, 1981.

BARRETO, Fausto; LAET, Carlos de. *Antologia nacional*. Rio de Janeiro: Francisco Alves, 1957.

BARRETO, Mário. *Novíssimos estudos da língua portuguesa*. 3. ed. Rio de Janeiro: Presença: Fundação Casa de Rui Barbosa; Brasília: INL, 1980.

BARROS, Enéas Martins de. *Português para o ciclo universitário básico*: redação-gramática. São Paulo: Atlas, 1982.

_____. *Nova gramática da língua portuguesa*. São Paulo: Atlas, 1971.

_____. *Cartas comerciais e redação oficial*. São Paulo: Atlas, 1990.

BAYLON, C.; FABRE, P. *La sémantique*. Paris: Nathan, 1973.

BECHARA, Evanildo. *Moderna gramática portuguesa*. São Paulo: Nacional, 1980.

_____. *Lições de português pela análise sintática*. 10. ed. Rio de Janeiro: Grifo, 1976.

BENVENISTE, Émil. *Problemas de linguística geral*. São Paulo: Nacional: Edusp, 1976.

BORBA, F. da Silva. *Pequeno vocabulário de linguística moderna*. 2. ed. São Paulo: Nacional, 1976.

BOSI, Alfredo (Org.). *O conto brasileiro contemporâneo*. São Paulo: Cultrix: Edusp, 1975.

BRAGA, Rubem et. al. *Elenco de cronistas modernos*. 6. ed. Rio de Janeiro: José Olympio, 1978.

_____. *As coisas boas da vida*. Rio de Janeiro: Record, 1988.

_____. *Ai de ti, Capacabana*. 7. ed. Rio de Janeiro: Record, 1987.

BRAIT, E. R. O. et. al. *Aulas de redação*. São Paulo: Atual, 1980.

BRASIL. PRESIDÊNCIA DA REPÚBLICA. *Manual de Redação da Presidência da República*. 2. ed. rev. e atual. por Gilmar E Mendes e Nestor José Forster Jr. Brasília: Presidência da República, 2002. Disponível em: <www.planalto.gov. br/>. Acesso em: 26-6-2006.

BRITO, Raimundo de Farias. Apud REBELO, Marques. *Antologia escolar brasileira*. Rio de Janeiro: MEC, 1967.

BRUNO, Anibal. *Gramática da língua portuguesa*. Rio de Janeiro: Forense, 1971. BUARQUE, Chico. *Ópera do malandro*. São Paulo: Cultura, 1978.

BÜHLER, Karl. *Teoria del lenguage*. Madri: Revista de Occidente, 1950.

CALVINO, I. *Por que ler os clássicos?* São Paulo: Companhia das Letras, 1993.

CÂMARA JR., J. Mattoso. *Manual de expressão oral e escrita*. 5. ed. Petrópolis: Vozes, 1978.

_____. *Princípios de linguística geral*. 4. ed. Rio de Janeiro: Acadêmica, 1973.

_____. *Dicionário de filologia e gramática*. (Referente à língua portuguesa.) 5. ed. Rio de Janeiro: J. Ozon, [1973].

_____. *Dicionário de linguística e gramática*. (Referente à língua portuguesa.) 7. ed. Petrópolis: Vozes, 1977.

CARONE, F. de Barros. *Morfossintaxe*. São Paulo: Ática, 1986.

COARACY, Vivaldo. *Encontros com a vida*. Rio de Janeiro: José Olympio, 1962.

CARPENTER, E.; McLUHAN, M. *Revolução na comunicação*. 2. ed. Rio de Janeiro: Zahar, 1971.

CARVALHO, J. G. Herculano de. *Teoria da linguagem*. Coimbra: Atlântida, 1973. t. I e II.

CAVALCANTI, Cláudia. O fabuloso Manuelzão. *Folha de S. Paulo*, 26-7-92, p. 6-18.

CERVO, A. L.; BERVIAN, P. A. *Metodologia científica*. 2. ed. São Paulo: McGrawHill do Brasil, 1977.

_____. 5. ed. São Paulo: Prentice Hall, 2002.

CHARAUDEAU, P.; GALLISSON, R. (Coord.). *Études de linguistique appliquée*. Paris: Didier, 1973.

CHERRY, Colin. *A comunicação humana*: uma recapitulação, uma vista de conjunto e uma crítica. 2. ed. São Paulo: Cultrix: Edusp, 1974.

CHOMSKY, Noam. *Estruturas sintáticas*. Lisboa: Edições 70, 1980.

CORRÊA, Viriato. *Cazuza*. 24. ed. São Paulo: Nacional, 1975.

COSERIU, Eugenio. *Teoria del lenguaje y linguística general*: cinco estudios. 3. ed. Madri: Gredos, 1973.

_____. *Sincronia, diacronia e história*: o problema da mudança linguística. Rio de Janeiro: Presença; São Paulo: Universidade de São Paulo, 1979.

_____. *Lições de linguística geral*. Rio de Janeiro: Ao Livro Técnico, 1980.

COUTINHO, Ismael de L. *Pontos de gramática histórica*. 6. ed. rev. Rio de Janeiro: Acadêmica, 1974.

CUNHA, Celso. *Gramática do português contemporâneo*. 3. ed. Belo Horizonte: Bernardo Álvares, 1972.

_____. *Gramática da língua portuguesa*. Rio de Janeiro: Fename, 1976.

_____. *Uma política do idioma*. 3. ed. Rio de Janeiro: Tempo Brasileiro, 1975.

_____. *Língua portuguesa e realidade brasileira*. 7. ed. Rio de Janeiro: Tempo Brasileiro, 1977.

_____. *Língua, nação, alienação*. Rio de Janeiro: Nova Fronteira, 1981.

DOURADO, Autran. *Solidão, solitude*. São Paulo: Difel, 1972.

DRUMMOND, C. D. de et al. *Quadrante 2*: crônicas. 3. ed. Rio de Janeiro: Ed. do Autor, 1963.

DUBOIS, Jean et al. *Dicionário de linguística*. São Paulo: Cultrix, 1978.

DUCROT, O. *Estruturalismo e linguística*. São Paulo: Cultrix, 1971.

ECO, Umberto. *Como se faz uma tese*. São Paulo: Perspectiva, 1986.

ELIA, Sílvio. *A língua portuguesa no mundo*. São Paulo: Ática, 1989.

_____. *Sociolinguística*: uma introdução. Rio de Janeiro: Padrão; Niterói: EDUFF: PROED, 1987.

FERNANDES, Francisco. *Dicionário de verbos e regimes*. 12. ed. Porto Alegre: Globo, 1980.

_____. *Dicionário de sinônimos e antônimos da língua portuguesa*. 3. ed. Porto

Alegre: Globo, 1980.

_____. *Dicionário de regimes de substantivos e adjetivos*. 4. ed. Porto Alegre:

Globo, 1953.

FERREIRA, Aurélio B. de H. *Novo dicionário da língua portuguesa*. Rio de Janeiro: Nova Fronteira, 1986.

_____. *Novo Aurélio século XXI*: o dicionário da língua portuguesa. 3. ed. rev. e ampl. Rio de Janeiro: Nova Fronteira, 1999.

FREIRE, Paulo. *A importância do ato de ler*. 11. ed. São Paulo: Cortez, 1985.

GALLISON, R. *Léxicologie et enseignement des langues*. Paris: Hachette, 1979.

GALVÃO, Jesus Bello. *Subconsciência e afetividade na língua portuguesa*. 3. ed. Rio de Janeiro: Ao Livro Técnico; Brasília: INL, 1979.

GARCIA, Othon M. *Comunicação em prosa moderna*: aprenda a escrever, aprendendo a pensar. 2. ed. Rio de Janeiro: FGV, 1973.

GECKELER, Horst. *Semántica estructural y teoria del campo léxico*: versión española de Marcos Martinez Hernández. Madri: Gredos, 1976.

GENOUVRIER, Emile; PEYTARD, Jean. *Linguística e ensino do português*. Coimbra: Almedina, 1974.

GOLD, Mifiam. *Redação empresarial*: escrevendo com sucesso na era da globalização. 3. ed. São Paulo: Pearson: Prentice Hall, 2005.

HENRIQUES, Antonio. *Curso de língua portuguesa*. São Paulo: Kronos, 1976.

HEYE, Jürgen. Sociolinguística. In: PAIS, C. T. et al. *Manual de linguística*. Petrópolis: Vozes, 1979.

HJELMSLEV, Louis. *Prolegômenos a uma teoria da linguagem*. São Paulo: Perspectiva, 1975.

JAKOBSON, Roman. *Linguística e comunicação*. Tradução de Izidoro Blikstein e José Paulo Paes. 5. ed. São Paulo: Cultrix, 1971.

JOLIVET, Régis. *Curso de filosofia*. Rio de Janeiro: Agir, 1966.

_____. *Vocabulário de filosofia*. Rio de Janeiro: Agir, 1975.

JOTA, Zélio dos Santos. *Dicionário de linguística*. 2. ed. Rio de Janeiro: Presença; Brasília: INL, 1981.

JUCÁ FILHO, Cândido. *Dicionário escolar das dificuldades da língua portuguesa*. Rio de Janeiro: MEC, 1968.

KIRST, Marta et al. *Linguística aplicada ao ensino do português*. Porto Alegre: Mercado Aberto, 1987.

KNELLER, George F. *Arte e ciência da criatividade*. 4. ed. São Paulo: Ibrasa, 1976.

KOTAIT, Ivani. *Editoração cientifica*. São Paulo: Ática, 1981.

KRAUSE, Gustavo et al. *Laboratório de redação*. Rio de Janeiro: Fename, 1982.

LANGACKER, Ronald W. *A linguagem e sua estrutura*. 3. ed. Petrópolis: Vozes, 1972.

LAPA, M. Rodrigues. *Estilística da língua portuguesa*. 8. ed. Coimbra: Coimbra Editora, 1975.

LEMINSKI, P. *Poesia*: a paixão da linguagem. In: _____. *Os sentidos da paixão*. São Paulo: Companhia das Letras, 1987.

LIMA, C. H. Rocha. *Gramática normativa da língua portuguesa*. Rio de Janeiro: José Olympio, 1976.

_____; BARBADINHO NETO, R. *Manual de redação*. Rio de Janeiro: Fename, 1980.

LIMA, Lauro de Oliveira. *Mutações em educação segundo McLuhan*. 9. ed. Petrópolis: Vozes, 1976.

LISPECTOR, Clarice. *Felicidade clandestina*. Contos. 4. ed. Rio de Janeiro: Nova Fronteira, 1981.

LOPES, Edward. *Fundamentos da linguística contemporânea*. São Paulo: Cultrix, 1980.

LOPES, P. C. *Um caso estranho*. Porto Alegre: Ed. do Autor, 1942.

LUFT, Celso Pedro. *Dicionário prático de regência verbal*. São Paulo: Ática, 1987.

LYONS, John. *Introdução à linguística teórica*. São Paulo: Nacional: Edusp, 1979.

_____. *Semântica*. Lisboa: Presença; São Paulo: Martins Fontes, 1980, v. 1.

_____. *Linguagem e linguística*: uma introdução. Rio de Janeiro: Zahar, 1982.

MACAMBIRA, José Rebouças. *Português estrutural*. 2. ed. São Paulo: Pioneira, 1978.

_____. *A estrutura modo-sintática do Português*. 4. ed. São Paulo: Pioneira, 1982.

MACHADO, José Pedro. *Dicionário etimológico da língua portuguesa*. Lisboa: Confluência, 1967.

MARCOLIN, Eliana et al. *Redação 78*. Porto Alegre: Universidade Federal do Rio Grande do Sul: São Paulo, Fundação Carlos Chagas, 1978.

MÁRIO FILHO. *O sapo de Arubinha*: anos de sonho do futebol brasileiro. Seleção e notas de Ruy Castro. São Paulo: Cia. das Letras, 1994.

200 Língua Portuguesa • Andrade e Henriques

MAROUZEAU, J. *Précis de stylistique française*. 2. ed. Paris: Masson, 1964.

MAXIMIANO, Antonio C. Amaru. *Gerência de trabalho de equipe*. São Paulo: Pioneira, 1986.

MEDEIROS, João Bosco. *Técnicas de redação*. São Paulo: Atlas, 1983.

_____. *Comunicação escrita*. São Paulo: Atlas, 1988.

_____. *Correspondência*. 6. ed. São Paulo: Atlas, 1991.

_____. *Redação empresarial*. 2. ed. São Paulo: Atlas, 1993.

MEGGINSON, L. C.; MOSLEY, D. C.; PIETRI FR., P. H. *Administração: conceitos e aplicações*. São Paulo: Harbra, 1986.

MEIRELES, Cecília. *Escolha o seu sonho*. Crônicas. Rio de Janeiro: Record, 1986.

MELO, Gladstone Chaves de. *Gramática fundamental da língua portuguesa*. Rio de Janeiro: Ao Livro Técnico, 1978.

_____. *A língua do Brasil*. 4. ed. Rio de Janeiro: Padrão, 1981.

MIRANDA, José Fernando. *Arquitetura da redação*. 5. ed. São Paulo: Discubra, 1977.

MOISÉS, Massaud. *A análise literária*. 6. ed. São Paulo: Cultrix, 1981.

_____. *História da literatura brasileira*. São Paulo: Cultrix: EDUSP, 1985-1989, v. 5, Modernismo.

MONTELLO, Josué. *Diário da tarde*. Rio de Janeiro: Nova Fronteira, 1988.

MORAES, Irany Novah. *Elaboração da pesquisa científica*. São Paulo: Álamo: Faculdade Ibero-americana, 1985.

MORAES, Vinicius de. *Para viver um grande amor*. Rio de Janeiro: Sabiá, 1968.

_____. *O cinema de meus olhos*. São Paulo: Cia. das Letras, 1991.

MORGAN, Clifford Thomas; DEESE, James. *Como estudar*. 11. ed. Rio de Janeiro: Freitas Bastos, 1983.

MULLER, Charles. *Initiation à la statistique linguistique*. Paris: Larousse, 1968.

NADOLSKIS, Hêndricas. *Normas de comunicação em língua portuguesa*. São Paulo: [s. e.], 1982.

NAMORA, Fernando. *Domingo à tarde*. 3. ed. Lisboa: Arcádia, 1961.

NASCENTES, Antenor. *Dicionário etimológico da língua portuguesa*. Rio de Janeiro: Acadêmica, 1955.

_____. *O problema da regência*. Rio de Janeiro: Freitas Bastos, 1967.

_____. *Dicionário de sinônimos*. 2. ed. Rio de Janeiro: Livros de Portugal, 1969.

NAVA, P. *Balão cativo*. 2. ed. Rio de Janeiro: José Olympio, 1974.

_____. *Chão de ferro*. Rio de Janeiro: José Olympio, 1974.

NOVAES, Adauto (Org.). *O olhar*. São Paulo: Cia. das Letras, 1988.

PAIS, C. T. et. al. *Manual de linguística*. Petrópolis: Vozes, 1979.

PALMÉRIO, Mário. *Chapadão do bugre*. Rio de Janeiro: José Olympio. 1971.

PAULA, Adail José de (Org.). *Antologia brasileira de humor*. Porto Alegre: L & PM, 1976.

PENTEADO, J. R. Whitaker. *A técnica da comunicação humana*. 8. ed. São Paulo: Pioneira, 1982.

PEREIRA, Carlos Eduardo. *Gramática expositiva*: curso superior. 82. ed. São Paulo: Nacional, 1951.

PINTO, Edith Pimentel. *A língua escrita no Brasil*. São Paulo: Ática, 1986.

_____. *História da língua portuguesa*: século XX. São Paulo: Ática, 1988.

PRETI, Dino. *Sociolinguística*: os níveis de fala: um estudo sociolinguístico na literatura brasileira. 4. ed. São Paulo: Nacional, 1982.

QUEIROZ, Eça de. *Obras de Eça de Queiroz*. Porto: Lelo e Irmãos, 1986. v. 1.

QUEIROZ, Herminio A. de. *Teoria e prática da redação*. Petrópolis: Vozes, 1978.

QUINTANA, Mário. *Mário Quintana*: seleção de textos, notas, estudo biográfico, histórico e crítico e exercícios de Regina Zilberman. São Paulo: Abril Educação, 1982. (Literatura Comentada).

RAMOS, G. *São Bernardo*. 30. ed. Rio de Janeiro: Record, 1978.

_____. *Infância*. Rio de Janeiro: Record, 1975.

REBELO, Marques. *Antologia escolar brasileira*. Rio de Janeiro: MEC, 1967.

REHFELDT, Gládis Knak. *Polissemia e campo semântico*. Porto Alegre: Edurgs – Fafa – FAP – CCA, 1980.

REIS, Otelo. *Breviário de conjugação de verbos*. 28. ed. Rio de Janeiro: Francisco Alves: MEC, 1978.

RELATÓRIO CONCLUSIVO da comissão nacional para o aperfeiçoamento do ensino/ aprendizagem da língua materna. Brasília: MEC, 1986.

RIBEIRO, Joaquim. *Estética da língua portuguesa*. 2. ed. Rio de Janeiro: J. Ozon, 1964.

ROCCO, Maria Thereza Fraga. *Crise na linguagem*: a redação no vestibular. São Paulo: Mestre Jou, 1981.

RODRIGUES, Nelson. *A menina sem estrela*: memórias. São Paulo: Cia. das Letras, 1993.

RUIZ, João Álvaro. *Metodologia científica*: guia para eficiência nos estudos. São Paulo: Atlas, 1982.

SABINO, Fernando et al. *Quadrante 2*: crônicas, 3. ed. Rio de Janeiro: Editora do Autor, 1963.

SALOMON, Délcio Vieira. *Como fazer uma monografia*: elementos de metodologia do trabalho científico. 5. ed. Belo Horizonte: Interlivros, 1977.

SALVADOR, A. D. *Métodos e técnicas de pesquisa bibliográfica*. 6. ed. Porto Alegre: Sulina, 1977.

SAPIR, Eward A. *A linguagem*: introdução ao estudo da fala. 2. ed. Rio de Janeiro: Acadêmica, 1971.

SAUSSURE, F. *Curso de linguística geral*. Org. por Charles Bally e Albert Sechehaye. 10. ed. São Paulo: Cultrix, [197?].

SEVERINO, A. J. *Metodologia do trabalho científico*. 12. ed. São Paulo: Cortez, 1985.

SILVA, Rebeca Peixoto et al. *Redação técnica*. 2. ed. Porto Alegre: Formação, 1975.

SILVA, T. Ezequiel da. *Leitura e realidade brasileira*. Porto Alegre: Mercado Aberto, 1983.

SILVEIRA, A. F. Sousa da. *Lições de português*. 6. ed. Rio de Janeiro: Livros de Portugal, 1960.

_____. (Org.). *Trechos seletos*. 6. ed. Rio de Janeiro: F. Briguiet, 1961.

SOARES, M. B.; CAMPOS, E. N. *Técnica de redação*: as articulações linguísticas como técnica do pensamento. Rio de Janeiro: Ao Livro Técnico, 1978.

SPINA, Segismundo. *Normas gerais para os trabalhos de grau*: um breviário para o estudante de pós-graduação. São Paulo: Livr. Ed. Fernando Pessoa, 1974.

_____. *Dicionário prático de verbos conjugados*. São Paulo: Livr. Ed. Fernando Pessoa, 1977.

TAUNAY, Alfredo d'Escragnolle. *Aspectos do sertão*. In: BARRETO, Fausto; LAET, Carlos de. *Antologia nacional*. 34. ed. Rio de Janeiro: Francisco Alves, 1957.

TODOROV, T.; DUCROT, O. *Dicionário enciclopédico das ciências da linguagem*. São Paulo: Perspectiva, 1977.

TÔRRES, Artur de Almeida. *Comentários à polêmica entre Rui Barbosa e Carneiro Ribeiro*. São Paulo: Nacional, 1959.

ULLMANN, S. *Semântica*: uma introdução à ciência do significado. 4. ed. Lisboa: Fundação Calouste Gulbenkian, 1977.

VAVOYE, F. *Usos da linguagem*: problemas e técnicas na produção oral e escrita. São Paulo: Martins Fontes, 1979.

VENDRYES, J. *El lenguaje: introducción linguística a la historia*. Barcelona: Cervantes, 1943.

VERÍSSIMO, Érico. *Solo de clarineta*. Porto Alegre: Globo, 1976. v. 2.

VILANOVA, José Brasileiro. *Aspectos estilísticos da língua portuguesa*. Recife: Casa da Medalha, 1977.

WARTBURG, W.; ULLMANN, S. *Problemas e métodos da linguística*. São Paulo: Difel, 1975.

Pré-impressão, impressão e acabamento

grafica@editorasantuario.com.br
www.graficasantuario.com.br
Aparecida-SP